新时代区域协调发展机制研究书系

本书得到教育部人文社会科学研究项目"空间重构、资源错配与农业生产率增长动能转换研究"（批准号：20XJC790004）和西南财经大学中央高校基本科研业务费专著出版项目"区域发展战略对地区经济增长的影响研究"（批准号：JBK2204013）的资助。

区域发展战略对地区经济增长的影响研究：空间重构、发展动态与资源错配

Quyu Fazhan Zhanlüe dui
Diqu Jingji Zengzhang de Yingxiang Yanjiu:
Kongjian Chonggou、
Fazhan Dongtai yu Ziyuan Cuopei

卢 飞 著

西南财经大学出版社
SOUTHWESTERN UNIVERSITY OF FINANCE & ECONOMICS PRESS
中国·成都

图书在版编目(CIP)数据

区域发展战略对地区经济增长的影响研究:空间重构、发展动态与资源
错配/卢飞著.—成都:西南财经大学出版社,2022.11
ISBN 978-7-5504-5509-2

Ⅰ.①区⋯　Ⅱ.①卢⋯　Ⅲ.①区域经济—经济增长—研究—中国
Ⅳ.①F127

中国版本图书馆 CIP 数据核字(2022)第 151496 号

区域发展战略对地区经济增长的影响研究:空间重构、发展动态与资源错配
卢飞　著

责任编辑:何春梅
责任校对:周晓琬
封面设计:何东琳设计工作室
责任印制:朱曼丽

出版发行	西南财经大学出版社(四川省成都市光华村街 55 号)
网　　址	http://cbs.swufe.edu.cn
电子邮件	bookcj@ swufe.edu.cn
邮政编码	610074
电　　话	028-87353785
照　　排	四川胜翔数码印务设计有限公司
印　　刷	四川五洲彩印有限责任公司
成品尺寸	170mm×240mm
印　　张	10.5
字　　数	264 千字
版　　次	2022 年 11 月第 1 版
印　　次	2022 年 11 月第 1 次印刷
书　　号	ISBN 978-7-5504-5509-2
定　　价	58.00 元

前言

理论界在诸多有关经济增长原因分析的文献中，一般会有这样一个共识：制度是经济增长的根本性因素。1993 年，诺贝尔经济学奖得主诺斯（North D C）强调制度是正式规则、非正式约束及其实施特征的组合。Acemoglu 在《国家为什么失败》中将制度区分为包容性制度和汲取性制度，认为包容性制度有利于实现经济的持续发展。中国是实行包容性制度的典型国家之一。改革开放尤其是党的十八大以来，区域重大战略联动为我国经济增长提供了顶层设计、擘画了发展蓝图、培植了政策支撑，为中国取得举世瞩目的经济成就奠定了制度基础。

经济增长的直接动因直观体现在科布-道格拉斯生产函数（C-D 函数）上。该函数表明，经济增长主要取决于要素投入、技术进步与残差项，技术进步又表现为要素配置效率改进以及向技术前沿抵近等。另外，从发展经济学模型的演进来看，"要素投入→资源重置→技术进步"是经济增长发展到不同阶段对应的生产动能。按照现有研究观点，我国已于 2004 年左右摆脱了"劳动力无限供给"的增长阶段，当前中国经济增长主要表现为资源重置与技术进步两种核心动能。其中，发达区域由于担当雁阵模式的"领头雁"更需依靠技术进步，这两类增长动能绩效的发挥需置于合理的制度背景下。中国区域发展战略形成于中国特色社会主义发展实践，对中国经济发展具有重要的资源补偿和资源补充效用。基于此，本书围绕资源重置与提质增效两个核心议题，从理论层面探讨我国区域发展战略对地区经济增长的影响，但没有涉及诸如非正式约束等的"残差项"因素。

党的十九大以来，在习近平新时代中国特色社会主义思想的指引下，我国发展进入"三新一高"阶段。2020 年，中共十九届五中全会审议通过的《中共中央关于制定国民经济和社会发展第十四个五年规划和二〇三五年远景目标的建议》首次提出"有为政府"，其核心体现为通过构建符合中国国情、具有中国特色、突显社情民意的制度安排推动区域发展。尤其需要强调的是，2022年，中共中央国务院发布的《关于加快建设全国统一大市场的意见》进一步强调"有效市场，有为政府"的工作原则，要求"破除各种封闭小市场、自我小循环"，体现了消除行政壁垒，推动资源优化重置，探索行政区与经济区适度分离的坚强决心。我们坚信，在中国共产党的领导下，以区域发展战略为指引，中国经济必将保持强大韧性，区域联动、协同发展的新格局必将打开，多级带动、全域发展的空间格局重构必将有力推动中国现代化。总之，探讨区域发展战略对地区经济发展的影响具有重要的理论意义和现实意义。

基于此，本书从区域非平衡治理、空间重构、发展动态与资源错配等视角审视区域发展战略对地区经济增长的影响。因此，本书的一个核心环节是找到一个鲜少受到多项政策同时"干扰"的区域，以评估政策实施绩效，从而彰显区域发展战略效力。我们发现，中国中部地区可以较好地满足这一要求。作为四大板块之间的缓冲地带，中部地区在"十三五"期间是我国各项战略的主要惠泽区，是我国经济实现接续发展的重要承接区，是构建现代化经济体系的关键核心区，关乎区域协调发展大局。然而，中部地区在过去被冠以"政策洼地""中部塌陷"等称谓，加之存在的诸多不平衡、不充分、不可持续的发展问题，本书主要以中部地区为案例进行分析，尤其体现在区域发展战略的空间重构、发展动态与资源错配等作用效力的影响研究方面。

本书的核心观点在于，第一，区域发展战略需要契合区域比较优势，否则对经济增长的发展绩效会因受到约束而减弱。第二，区域发展战略的推进需要有效治理要素利用效率不高、资源配置不合理等现象，同时在空间层面应避免"以邻为壑"的增长局限。第三，从发展动态来看，以中部地区"两个比照"政策为例，该政策实现了如西部地区的农业、商贸物流等既定扶持产业发展，但对区域经济转型和提质增效影响有限。第四，从资源错配的角度来看，微观层面的开发区政策通过影响资源错配从而促进经济增长，但受集聚区选址和集聚企业选择偏向上的扭曲而导致势能偏弱。因此，推进地区高质量发展，应着力优化营商环境，不断改善资源错配，持续提升治理效能。

本书得到教育部人文社会科学研究项目"空间重构、资源错配与农业生产率增长动能转换"（批准号：20XJC790004）以及西南财经大学中央高校基本科研业务费专著出版项目（批准号：JBK2204013）资助。在此，对一直给予我帮助的导师、老师和家人表示感谢！

卢飞

2022 年 7 月

目录

第一章　绪论 / 1

　　第一节　研究背景与研究意义 / 1

　　第二节　文献综述 / 8

　　第三节　研究思路、研究内容与研究方法 / 23

　　第四节　主要创新点 / 29

第二章　区域发展战略影响地区经济增长的理论基础与分析

　　　　　框架 / 30

　　第一节　核心概念界定 / 30

　　第二节　区域发展战略影响区域经济增长的理论基础 / 32

　　第三节　区域发展战略影响区域经济增长的理论分析框架 / 36

　　第四节　本章小结 / 39

第三章　非平衡治理：重大区域战略对地区差异的影响 / 40

　　第一节　重大战略联动：非平衡发展到平衡发展 / 40

　　第二节　地区非平衡发展统计与描述 / 42

　　第三节　区域发展战略对地区非平衡的影响 / 54

　　第四节　本章小结 / 67

第四章 空间重构：区域发展战略与发展格局重塑 / **69**

第一节 区域规划引领：资源再配置到空间重构 / 69

第二节 研究方法与数据来源 / 71

第三节 空间格局重构的中部地区案例 / 72

第四节 空间重构演进的机制分解 / 85

第五节 本章小结 / 89

第五章 发展动态：区域发展战略对地区经济增长的影响 / **91**

第一节 地区政策支持：长期性战略到发展新局 / 91

第二节 区域发展战略的选取、解读与理论分析 / 94

第三节 区域发展战略影响经济增长的研究设计 / 99

第四节 区域发展战略绩效模型估计与结果说明 / 105

第五节 本章小结 / 119

第六章 资源错配：区域产业政策对地区经济增长的影响 / **121**

第一节 产业园区实践：导向型发展到有效集聚 / 122

第二节 区域产业政策影响经济增长的错配理论与研究假设 / 126

第三节 考察区域产业政策资源错配渠道的指标构建与测度 / 129

第四节 区域产业政策、资源错配与经济增长的研究设计 / 133

第五节 区域产业政策影响经济增长的资源错配渠道检验 / 134

第六节 区域产业政策资源错配渠道的微观基础 / 141

第七节 区域产业政策资源错配渠道的案例研讨 / 142

第八节 本章小结 / 144

第七章 结论与政策建议 / **145**

第一节 基本结论 / 145

第二节 政策建议 / 147

第三节 研究展望 / 148

参考文献 / **150**

第一章　绪论

第一节　研究背景与研究意义

一、研究背景

党的十九大对我国经济社会发展阶段和进入新阶段社会的主要矛盾做出了新的重大论断，指明我国经济已由高速增长阶段转变为高质量发展阶段，进入新时代我国经济发展需要着力满足人民对物质生活、精神生活的"高追求"以及对充分发展、平衡发展的"高要求"。面对提质增效的时代重任，党的十九大强调必须坚持质量第一、效益优先，以供给侧结构性改革为主线，推动新时代我国经济的质量变革、效率变革、动力变革，并着重突出打造制造业集群、构建现代化经济体系、提升全要素生产率。此外，在习近平新时代中国特色社会主义思想的指引下，党的十九大对我国经济社会改革提出了新要求，创新性地提出了乡村振兴战略，要求持续贯彻创新驱动发展、区域协调发展等战略，冀以实现更高质量、更有效率、更加公平、更可持续的发展。

制度是经济增长的根本因素（Acemoglu, 2009）[①]。本书的考察对象有以下两个方面需要着重强调：一是作为制度的重要组成部分，本书突出区域发展战略对地区经济增长的影响。二是笔者在研究过程中，考虑到中部地区除后文论述的政策外，其在中部崛起期间较少有其他政策性干扰，为本书的研究提供了良好的政策背景，从而在诸多论述中会以中国中部地区为例进行阐释。尤其是，2019年5月，习近平总书记考察调研江西，并主持召开推动中部地区崛起工作座谈会，体现出新时代研讨中部地区发展的使命感和紧迫性。以下探讨

---

① ACEMOGLU D. Introduction to modern economic growth [M]. Princeton：Princeton University Press, 2009.

中部地区的重要性和必要性也为本书提供了研究支撑。

（一）关注中部地区发展的重要性

中部地区是我国进入新时代以来各项战略的主要惠泽区，是我国经济实现地区接续发展的重要承接区，关乎我国区域协调发展大局，对构建现代化经济体系也举足轻重。关注中部地区发展主要包括以下原因：

第一，中部地区优越的资源禀赋与历史定位。依托自然资源和地理区位优势，《促进中部地区崛起规划》明确将中部地区打造成为我国的"三基地、一枢纽"①。2016年12月，《促进中部地区崛起"十三五"规划》在巩固中部地区"三基地、一枢纽"定位的基础上拾级而上，进一步提出了"一中心、四区"的新战略定位②，这一定位与我国发展战略契合，有利于为我国制造业发展做出"中部贡献"、打造"中部样本"。中部崛起战略实施期间（2006—2015年），中部六省③制造业发展成效显著，如中部六省高技术产业主营业务收入由2006年不足全国的5%上升至2015年的14.89%，中部地区已经成长为我国重要的产业发展基地。

第二，中部地区是我国近年经济增长的重要引擎。从经济增速来看，2014年以来，中部五省（除山西外）的经济增速均高于全国GDP平均增速，湖北、湖南两省的平均增速更是在中部崛起战略实施后的较长时期（2007—2016年）内连续高于全国平均增长水平。在2016年，若不考虑直辖市及西藏自治区，中部地区（除山西外）江西、安徽、河南、湖北、湖南的GDP实际增速分别位列全国第2、3、6、7、10位，表现抢眼，是我国在未来较长时期内经济增长的重要接续区。从经济总量来看，中部六省GDP总和在《促进中部地区崛起规划》执行期间由全国的18.71%上升至20.33%，潜力较大。

第三，中部地区对我国建成现代化经济体系至关重要。其一，中部地区轻工业实力雄厚、发展迅猛。从当前来看，河南省轻工业在全国处于领先地位，其与湖北省在多数轻工业细分行业均处于全国前五，并与湖南省有望成长为我国的轻工业发展中心。其二，中部地区已经是我国重要的能源原材料基地，以能源为基础的工业行业较为发达。2016年，中部地区非金属矿物制品业、有色金属冶炼和压延加工业的产业销售产值占全国的比重达到30%以上，其中，

---

① 全国重要粮食生产基地、能源原材料基地、现代装备制造及高技术产业基地和综合交通运输枢纽。

② 全国重要先进制造业中心、全国新型城镇化重点区、全国现代农业发展核心区、全国生态文明建设示范区、全方位开放重要支撑区。

③ 中部六省包括河南、湖北、湖南、安徽、江西、山西。

河南省非金属矿物制品业（C30）销售产值位居全国首位。其三，装备制造业体系完备，发展基础良好。在2016年，河南和湖南两省的专用设备制造业（C35）在我国分别位居第三、第四位。总体而言，中部地区是我国建设先进制造业和现代经济体系的重要基地，河南省整体工业实力较为雄厚，湖北、湖南等省份在一些先进制造业细分行业处在全国前列。

第四，中部地区仍肩负提高城镇化和农民市民化的重任。中部六省的人口总数（常住人口总和）相当于全国的26.55%，其中城镇人口占全国的比重为24.43%。在2016年，中部六省仅有湖北省的城镇化水平（城镇人口/常住人口）高于全国平均水平0.75个百分点，其余省份则均低于全国平均水平，河南省城镇化水平甚至低于全国平均水平8.85个百分点。可以看出，中部地区城镇人口占全国的比重低于总人口比重逾2个百分点，中部地区人口城镇化将是我国未来较长时期内的重大战略与伟大工程，是提升我国城镇化平均水平的重点区域。因此，以中部地区为重提升城镇化水平是加快推进共同富裕的关键举措。

（二）关注中部地区发展的必要性

中部地区仍存在诸多不平衡、不充分、不可持续的发展问题，需要进一步深化改革。制造业作为国民经济的主导产业，是国民经济的主体，是立国之本、兴国之器、强国之基。推动制造业发展是中部崛起战略的重点内容，中部地区厚实的制造业发展基础也是实现《中国制造2025》战略目标和推动我国由制造大国向制造强国转变的重要支撑。因此，接下来本书以制造业产业为例进行说明。综合来看，中部地区制造业发展具有以下三个方面的特点：一是制造业体系完备，规模较大，但较东部发达省份差距较大；二是整体劳动生产率较高，但利润率不高，附加值偏低，有待向价值链中高端攀升；三是整体产业实力较强，但尖端行业缺乏。具体地，本书通过以下三点详细说明。

第一，中部地区缺乏高附加值制造业。其主要表现在能源资源依赖程度高、落后产能亟待淘汰、创新资源缺乏、尖端企业稀缺、新动能培育滞后等。"十二五"以来，中部地区去产能工作取得显著成效，部分工业产品出现增长速度和产量上的"双降"。2014—2015年，这些工业产品产量均出现增量上的下滑，下降速度甚至达到3.86%，供给侧结构性改革推进成效显著；2015—2016年，中部地区生铁和粗钢产量增幅分别为2.68%和1.39%，钢材产量降幅达到1.67%。煤炭行业是去产能的另外一个关键行业，但是作为我国重要的能源基地，中部地区能源产业在全国具有重要地位，如中部地区煤炭开采和洗选业销售产值在2016年下降4.57个百分点，但是降幅仍略小于全国平均水平，占全国比重由 2015 年的 33.34%升至 2016 年的 33.65%，远高于中部地区 GDP 在全国的份额（2016 年为 21.60%）。同时，2015—2016 年，中部地区焦炭产量增长 0.36 个百分点，2016 年占全国比重达 32.03%，显示出中部地区经济增长路径依赖仍然严重。但是，一个不容忽视的问题是，中部地区制造业附加值偏低，2016 年中部地区制造业销售产值占全国的 22.16%（2015 年为 21.31%），利润比重为 21.27%（2015 年为 20.95%），东部地区利润比重则高于销售产值比重 3.06 个百分点，达到 62.86%（2015 年东部地区制造业销售产值和利润比重分别为 59.87%和 63.75%）。其中，钢铁冶炼及加工业、石油及化学行业利润率位居四大板块第二，装备制造业利润率处于第三位，低于东部地区和东北地区。此外，中部六省在《2017 中国制造业 500 强》中仅有 78 个席位，占 15.6%，制造业龙头企业较少。

第二，中部地区制造业创新资源集聚不够。一方面，东部地区占据绝大多数的科学研究与试验发展（R&D）资源，中部地区创新资源在绝对量上较少；另一方面，中部地区现有的人才优势也难以发挥，创新后劲不足。2015 年，东部地区工业企业 R&D 人员和 R&D 内部经费支出分别占全国 75.91%和 78.21%，而中部地区仅为 12.35%和 10.05%①。此外，与"十二五"初期相比，虽然中部地区创新能力有显著提升，然而，中部地区技术改造、技术消化费用支出甚至不如西部地区，如 2015 年，中部地区技术改造和技术消化费用占全国的比重分别为 14.58%和 6.02%，而西部地区却达到 17.12%和 21.49%。

第三，中部地区存在"高杠杆"或"融资难"的问题。与 2006 年相比，2016 年中部地区工业企业负债率较高的企业规模由"中型"转为"大型"（2016 年中部六省大型企业负债率平均达到 62.64%，山西省最高达 74.29%），且国有企业"加杠杆"趋势明显（2016 年国有控股工业企业均值为 65.40%，山西省最高达 77.35%），私营企业"减杠杆"成效显著，然而中部地区小型企业、私营企业以及金属制造业、通用设备制造业的负债率仅为 49.23%、46.35%和 45.00%、51.61%，相比东部与西部地区，表现出融资能力不强的问题②。进一步研究发现，东部和中部地区工业企业资产负债率低于西部和东北地区，但四大板块的钢铁冶炼及加工业负债率均较高，中部地区计算机、通信和其他电子设备制造业也大于 60%，负债率偏高。

具体来看，中部地区仍应积极适应经济发展新常态，深入推进供给侧结构

① 数据源自《工业企业科技活动统计年鉴》。
② 数据源自《中国工业经济统计年鉴》。

性改革，努力探索促进新旧动能接续转换的体制机制和发展方式，从而实现中部地区经济社会持续健康发展，努力打造中部地区"一中心、四区"的战略定位。

（三）探讨发展战略与中部地区发展的缘由

改革开放40多年以来，我国经济发展水平和人民生活水准均取得了显著提高，经济规模已于2010年超过日本列居世界第二，人均GDP也由改革开放初期的156美元升至2017年的9 480美元，这一瞩目的发展成绩一方面显示了我国由计划经济向市场经济转变的成功，另一方面也彰显了我国发展战略的科学性和前瞻性。然而，长期以来，由于我国经济发展的时代背景以及各板块发展的不同基础性条件，按照经济发展的紧迫性和现实条件，中部地区长期处于我国经济发展的"政策洼地"，惠泽中部地区的发展战略屈指可数。乘着我国经济发展的东风，"十二五"末期以来，覆盖中部地区的相关政策开始密集出台，包括促进中部地区崛起"十三五"规划（2016年），长江中游城市群发展战略（2015年），武汉市、郑州市获批国家中心城市（2017年），长江中游城市群发展"十四五"实施方案（2022年）等，以及安徽省融入长三角地区、江西省对接粤港澳大湾区等"分散突围"使得中部地区政策禀赋由"贫瘠"转为"丰裕"，从而如何评价中部地区已有战略的实施绩效既是对政策实行情况的回应，也可以对未来政策的出台和执行提供借鉴意义。

发展战略对地区经济发展具有重大影响。我国是由计划经济成功转轨市场经济的国家。然而，市场经济并非排斥政府干预，有效市场与有为政府才是经济合理运行的基本保障。如新中国成立初期，在面对西方国家对我国进行经济封锁的形势下，我国选择了重工业优先发展的战略，这一战略也使我国东北地区迎来了发展的黄金期。改革开放初期，东北地区多个城市GDP进入全国城市前20，如大庆市作为石油城市，于1982年在城市GDP规模排名中达到最高，位列全国第8，哈尔滨市也在这一时期达到最高排名，1978年排名全国第9位。然而，随着我国东部率先发展战略的深入推进以及国有企业改革的推行，东北地区衰退迹象日益显现，国有企业亏损严重，比较有特点的是大庆市和哈尔滨市分别于1994年和2004年退出全国城市GDP规模20强。可以看出，一个地区的产业结构在很大程度上服务于发展战略。东北地区作为新中国成立初期的重工业基地，政府干预强度较大，国有企业比重较高，在一定时期推动了当地资本密集型产业的发展，但是随着国有企业的弊端日益显露以及民营经济的持续活跃，出现了国有企业比重高的地区衰退及民营经济活跃区崛起的现象。

林毅夫和陈斌开①（2013）指出，新中国成立初期的以重工业为主的经济发展战略违背了当时中国的比较优势，因此这种发展方式是不可持续的。发展战略与地区经济发展的关系还体现在，东部率先发展战略带来的东部地区与其他板块之间不断拉大的区域差距、户籍制度导致的城乡分割等。纵观我国区域发展布局，我国的发展格局整体上由"区域非平衡发展"向"平衡发展"倾斜，目前已经形成了以"四大板块""三大工程"为框架的全方位发展格局，并通过以城市群、中心城市等为关键节点，形成有重点、全方位的新发展格局。

对于中部地区而言，发展战略直接影响了中部地区的"塌陷"或"崛起"。中部地区处于中西部的缓冲地带，在较长时期内，中部地区均为地区资源的输出地，随着东北振兴战略以及西部大开发战略的实行，中部地区成为政策禀赋相对缺乏的区域，导致中部地区发展水平远落后于东部地区，经济增长速度也较西部地区迟滞。2006年以来，受《促进中部地区崛起规划》的惠泽，中部地区也出现了较强的发展势头，"三基地、一枢纽"的发展定位使得中部地区逐步成长为我国重要的粮食生产基地、能源原材料基地、现代装备制造及高技术产业基地和综合交通运输枢纽。中部崛起战略实施以来，中部地区面临着严峻的产业结构调整升级的任务，然而从发展定位来看，中部崛起的目标仍是以初级的农业、能源原材料为主，仍是依托中部地区的能源禀赋和区位优势。因此，区域发展战略能否有效助推中部地区提质增效还有待考察。2016年，《促进中部地区崛起"十三五"规划》进一步提出了中部地区"一中心、四区"的发展战略定位②，这一战略定位既是对"三基地、一枢纽"定位的继承和升华，也体现出对中部地区发展的前瞻性思考。总体而言，已有战略对中部崛起的影响以及新生战略的发展定位是否契合中部地区发展形势，仍是当下中部崛起过程中亟须关注的课题。

二、研究意义

经济社会发展归根结底还是处理政府和市场的关系。然而，市场具有自发性、盲目性、滞后性等缺陷，需要政府这只"看得见的手"对经济活动进行干预。但是，政府也并不是万能的，政府的不作为、乱作为等也会导致出现

---

① 林毅夫，陈斌开. 发展战略、产业结构与收入分配［J］. 经济学（季刊），2013，12（3）：1109-1140.

② "一中心、四区"的新战略定位，即全国重要先进制造业中心、全国新型城镇化重点区、全国现代农业发展核心区、全国生态文明建设示范区、全方位开放重要支撑区。

"政府失灵"的现象，从而导致经济发展过程中出现资源错配、交易成本高企等不利于市场经济运作的弊病。因此，关于政府发展战略是否促进了地区发展或达成了战略目标的研究既是对已有政策执行效果的重新审视，也是对新生政策适用性的审慎考察。本书的研究意义主要有：

（一）理论意义

本书尝试从发展战略的视角审视政策实行对中部崛起的影响及其作用机制，理论层面的意义主要有：一是拓展发展战略影响经济增长的理论框架。本书在论证中，分别通过构建"一政府、两地区"模型，或在模型中引入政府"要素挤入因子"，或构建政策诱导集聚等情境考察区域发展战略对地区经济增长的影响。二是为集聚经济学研究提供新的洞见。我国现阶段各项政策在一定程度上均会引起经济集聚，本书基于集聚是否存有政策诱导成分提出诱导型集聚的概念，选取开发区政策，结合中国工业企业数据库微观数据进行检验。由于开发区具有产业和区域政策的双重属性，本书通过筛选和甄别工业园区企业个体进行研究。借此，既可以体现区域发展战略的基本内涵，衡量政策诱导集聚强度，同时，也可为集聚经济学的研究提供新的洞见。三是丰富了考察中部地区的文献。现有文献中论及中部地区的较少，相关研究中定量分析也较为匮乏。在相关政策的论述中以简要的概述为主，研究区域事前和事后的发展差异来对政策执行的意义进行定性表述，这种做法非但缺乏科学性，也不能对其作用机制进行有效拆解。此外，梳理有关区域发展战略的评估文献发现，当前考察中部地区的文献多是以规划出台为主，然而规划多为宏观发展战略，而对地区发展真正有益的则为出台的具体优惠政策。因此，本书选取中部崛起和"两个比照"政策进行考察，并结合前沿的定量分析方法对其进行分析，从而丰富对中部地区发展问题的研究。

（二）实践意义

中部崛起关乎我国区域协调发展大局，本书尝试通过考察发展战略对中部崛起的作用，以期客观评估发展战略对中部地区经济增长的影响，从而总结发展经验，矫正政策扭曲，指导发展实践。在具体的分析中，按照一般性和特殊性原则，本书综合探讨了发展战略对地区非平衡发展以及域内、域外政策对中部崛起的影响，以回应不同的政策冲击对中部地区经济增长的效用。总体而言，本书一方面对已实施的区域发展战略的绩效进行评估，客观反映发展战略的实施效果，总结发展战略中存在的不足及应调整之处，提取发展战略的一般性作用，从而推动经济实现有效集聚。另一方面启示中部地区未来发展的战略安排，尝试为推动中部地区实现现代化提供战略抓手，为中国经济高质量发展提供一般性的经验借鉴。

第二节　文献综述

本书着重分析发展战略对中部崛起的影响，并对其作用机制进行考察。文献综述部分主要从发展战略、区域非平衡发展以及发展战略对区域非平衡发展的作用三个视角进行梳理。主要的考虑如下：第一，目前有关发展战略或政策评估的文献随着我国改革进程的深入推进及评估手段的日益丰富而逐渐增多，本书首先对发展战略的相关研究进行整理，从而可以借鉴前人研究经验初步把握发展战略实施可能产生的影响。第二，中部地区作为本书的考察对象，是我国的四大板块之一，经济、社会、自然等条件与其他区域相比具有自身的独特性。从全局视角来看，中部地区在过去经历了"政策洼地""中部塌陷"以及"十三五"以来的黄金发展期，因此从区域非均衡的视角来审视地区发展可以揭示出地区发展的一般性规律，从而启示中部地区的相关研究。

一、关于区域发展战略的研究综述

按照以往研究，区域发展战略往往具有以下特征：第一，区域发展战略由于受政府官员变迁的影响通常执行的时间较短，或者是出于政治的考虑而出台，如 Mathur[1]（1999）基于人力资本的测度提出了制定长期有效的发展战略的方法和路径。第二，政府作为社会制度和激励结构的塑造者，对经济社会发展具有"因势利导"的职能（林毅夫和孙希芳，2008；陈斌开和林毅夫，2012）[2][3]，"有效市场，有为政府"协同发力是推动供给侧结构性改革和保障经济有序健康发展的重要保障（林毅夫，2017）[4]。如 Kydd and Christiansen[5]（1982）指出马拉维政府奉行的发展政策对该国独立以来经济结构的变迁起到决定性的作用，主要表现在规模农业的迅速扩张，从而导致人们转入非农就业

---

① MATHUR V K. Human capital-based strategy for regional economic development [J]. Economic development quarterly, 1999, 13（3）: 203-216.

② 林毅夫，孙希芳. 银行业结构与经济增长 [J]. 经济研究，2008，43（9）: 31-45.

③ 陈斌开，林毅夫. 金融抑制、产业结构与收入分配 [J]. 世界经济，2012，35（1）: 3-23.

④ 林毅夫. 新结构经济学的理论基础和发展方向 [J]. 经济评论，2017（3）: 4-16.

⑤ KYDD J，CHRISTIANSEN R. Structural change in Malawi since independence-consequences of a development strategy based on large scale agriculture [J]. World development, 1982, 10（5）: 355-375.

以及农业生产比重的下降。按照王勇和华秀萍[1]（2017）所述，政府可以选择的行为集包括"有为""乱为"和"不作为"，"有为政府"是指因时、因地、因结构制宜的"动态变迁""主动改革"的政府，"乱为"和"不作为"则是指"有形之手"太长或"懒政庸政"的现象（杨瑞龙，2017）[2]。Polese and Shearmur[3]（2006）以加拿大的5个在人口转变的过程中注定衰败的外围区域（peripheral regions）为例，他们指出这种明显的"核心-外围"的经济地理格局并不会受政策的影响而轻易改变，因此区域发展战略不能作为组织人口减少和就业下降的手段而提出。第三，区域发展战略的分类。林毅夫[4]（2003）将政府实行的发展战略进一步分类为比较优势发展战略和赶超战略，并通过构建TCI指数作为技术选择指数的指标，比较优势战略则是顺应比较优势施策，赶超战略则是重工业优先发展的政策。林毅夫和刘明兴[5]（2004）认为经济发展战略是否能够顺应当地的比较优势决定了其经济发展的长期绩效，而重工业优先发展的赶超战略违背了当地的比较优势会导致市场主体缺乏自力更生能力，从而导致这种发展缺乏可持续性。因此，处理好政府与市场的关系，充分发挥市场在资源配置中的决定性作用和更好地发挥政府的作用是构建现代化经济体系、推动供给侧结构性改革和高质量发展的根本要求。然而，无论政府和市场在经济活动中的关系如何，资源配置偏离最优均衡都是经济运行的常态，这是因为市场自身的不完善以及政府政策干预均会导致要素市场出现扭曲（Bhagwati and Srinivasan，1969）[6]。市场失灵客观要求政府对经济进行干预以减轻市场机制的扭曲，但是政府的过度干预又会导致市场机制的进一步崩坏，因此，结构性改革要解决的核心问题是校正要素配置的扭曲（杨伟民，2016）[7]。

---

① 王勇，华秀萍.详论新结构经济学中"有为政府"的内涵——兼对田国强教授批评的回复[J].经济评论，2017（3）：17-30.

② 中国宏观经济分析与预测课题组，杨瑞龙.新时期新国企的新改革思路——国有企业分类改革的逻辑、路径与实施[J].经济理论与经济管理，2017（5）：5-24.

③ POLESE M，SHEARMUR R. Growth and location of economic activity：the spatial dynamics of industries in Canada 1971-2001[J]. Growth and change，2006，37（3）：362-395.

④ 林毅夫.后发优势与后发劣势——与杨小凯教授商榷[J].经济学（季刊），2003（4）：989-1004.

⑤ 林毅夫，刘明兴.经济发展战略与中国的工业化[J].经济研究，2004（7）：48-58.

⑥ BHAGWATI J N，SRINIVASAN T N. Optimal intervention to achieve non-economic objectives[J]. The review of economic studies，1969，36（1）：27-38.

⑦ 杨伟民.适应引领经济发展新常态 着力加强供给侧结构性改革[J].宏观经济管理，2016（1）：4-6.

二、关于区域经济发展非平衡的研究综述

自古典经济学产生以来，各经济学流派针对区域非平衡发展提供了诸多洞见。古典经济学家亚当·斯密（Adam Smith）提出分工可以通过个人能力的重塑以及劳动力在部门间的重置提高劳动生产率。新古典经济学时期，索罗（Solow）在放宽哈罗德-多马模型假定的基础上，认为长期的人均产出增长有赖于技术进步以及要素投入。特别地，资本的边际收益递减规律内生决定了一个经济体必然会从快速增长过渡到缓慢增长，那么，远离经济稳态的经济体与靠近经济稳态的经济体之间将会出现收敛，赶超行为成为资本边际收益递减效用下地区之间由不平衡向平衡状态转变的具体体现。内生增长理论进一步将技术进步内生化，认为技术进步是经济增长的决定要素，知识、人力资本的积累以及创新等是影响经济增长的关键。随着空间经济学的发展，"新经济地理"在新经济地理学的基础上引入"企业异质"，该理论表明，不同的企业在区位上的集聚不仅会影响一个区域经济的"量"，企业之间生产率的差异也会导致本地区经济发展"质"上存在较大差异。

从经济学的发展历程来看，诸如资源禀赋、空间资本等影响区域经济增长质量的要素异质均会导致区域发展非平衡，因此经济增长的状态评测以及区域非平衡的空间形态也成为学界和政界关注的焦点。然而，区域平衡发展更加注重地区之间"量"上尤其是"质"上的平衡，而非传统意义上的均匀发展。因此，区域平衡发展也是高质量发展的题中之义。

（一）区域非平衡的相关文献梳理

从"量"的概念来讲，区域非平衡与区域差异类似。目前已经有相当多的文献就区域差异的议题进行了探讨，且涵盖的主题日益广泛，多有从经济学领域向社会学、生态学等领域转移之势。首先，对于经济发展差异的考察。傅晓霞和吴利学（2006，2009）[1][2] 对我国地区差异的动态演变及内在机制进行了考察，阐明了我国地区差异的驱动机制存在阶段特征，指出要素驱动地区差异的力量逐步减弱，而全要素生产率对区域差异演变的贡献逐渐增强，地区发

---

① 傅晓霞，吴利学. 技术效率、资本深化与地区差异——基于随机前沿模型的中国地区收敛分析 [J]. 经济研究，2006（10）：52-61.

② 傅晓霞，吴利学. 中国地区差异的动态演进及其决定机制：基于随机前沿模型和反事实收入分布方法的分析 [J]. 世界经济，2009（5）：41-55.

展水平的不同也会导致引资质量的差异从而影响经济增长质量（郝颖等，2014）[1]，等。其次，现实中绝非仅有地区经济发展差异如此简单，Xu and Lin（2016）[2] 基于地域异质性考察了不同地区二氧化碳排放的差异化影响因素。最后，教育回报率也存在地区差异，这种差异会显著影响受教育程度不同的劳动者的流动偏好（刘林平等，2011；邢春冰等，2013）[3][4]，可以说要素回报率既是区域差异的表征，也会影响着区域差异的演变方向。

经济学理论和研究方法的不断拓展使得进一步放松传统经济学假定成为可能，一些学者开始强化对一些非传统但更符合现实的经济要素的考量，主要涉及技术创新、市场扭曲等方面。首先，就技术进步而言，现有文献在考察技术进步贡献率之外，还考虑了技术进步偏向（directed technical change）以及技术外溢（technological diffusion）等"新鲜事物"对区域发展的影响。一般而言，资本抑或劳动的回报率在一定程度上反映了经济体的技术进步偏向（Acemoglu，2002）[5]，Klump et al.（2007）[6] 基于标准化供给面系统（normal supply-side system）对1953—1998年美国的技术进步偏向进行了测度，得出长期内劳动增强型技术进步呈指数增长，而资本增强型技术进步呈对数增长，即劳动效率的提高对长期经济增长起主导作用，也有学者采用 Malquist 指数，在将生产率分解为技术进步和技术效率的基础上进一步将技术进步解构为投入偏向型技术进步、产出偏向型技术进步和规模型技术进步（Nin et al.，2003）[7]。此

---

① 郝颖，辛清泉，刘星. 地区差异、企业投资与经济增长质量 [J]. 经济研究，2014，49（3）：101-114，189.

② XU B，LIN B Q. A quantile regression analysis of China's provincial CO_2 emissions: where does the difference lie? [J]. Energy policy，2016，98（SI）：328-342.

③ 刘林平，雍昕，舒玢玢. 劳动权益的地区差异——基于对珠三角和长三角地区外来工的问卷调查 [J]. 中国社会科学，2011（2）：107-123，222.

④ 邢春冰，贾淑艳，李实. 教育回报率的地区差异及其对劳动力流动的影响 [J]. 经济研究，2013，48（11）：114-126.

⑤ ACEMOGLU D. Directed technical change [J]. The review of economic studies，2002，69（4）：781-809.

⑥ KLUMP R，MCADAM P，WILLMAN A. Factor substitution and factor augmenting technical progress in the US: a normalized supply-side system approach [J]. The review of economics and statistics，2007，89（1）：183-192.

⑦ NIN A，ARNDT C，PRECKEL P V. Is agricultural productivity in developing countries really shrinking? new evidence using a modified nonparametric approach [J]. Journal of development economics，2003，71（2）：395-415.

外，技术进步具有外溢效应（Grossman and Helpman，1991）①，尤其是在技术引领者（国家）和技术追随者（国家）之间，技术追随者较低的模仿成本致使技术引领者和技术模仿者之间容易发生条件收敛（conditional convergence），出现趋同俱乐部（Barro and Sala-I-Martin，1997）②。其次，要素市场扭曲也是影响区域技术进步的重要因素，Restuccia and Rogerson（2008）③ 和 Hsieh and Klenow（2009）④ 指出要素错配（misallocation）和金融摩擦（financial frictions）会导致地区之间全要素生产率出现发散而非收敛，Gopinath et al.（2017）⑤ 以欧洲南部为例，使用西班牙 1999—2012 年制造业企业数据考察了资本回报率离差增大、劳动回报率离差不变与资本错配导致效率损失之间的关系，指出在资本逐利而非向高生产率企业配置的情况下，真实利率的下降会导致区域收敛和部门全要素生产率下降。Barro and Sala-i-Martin（1997）⑥ 还强调了政府政策的影响，但是囿于相关理论的缺乏，政府政策并没有在他们的研究中体现。我们知道，政府政策在一定程度上会产生要素的不可流动性（factor immobility）、要素价格刚性（factor price rigidity）与差异化要素价格（factor price differentials）（Magee，1971）⑦，导致要素价格从而要素回报率偏离市场出清水平，并使转换曲线发生改变（Johnson，1966）⑧，进而使要素市场发生扭曲。最后，Aghion and Howitt（1992）⑨ 考察了产业创新在提升产品质量上的重要性，指出经济增长率的均值和方差均是创新规模、高技术劳动力

① GROSSMAN G M, HELPMAN E. Trade, knowledge spillovers, and growth [J]. European economic review, 1991, 35 (2-3)：517-526.

② BARRO R J, SALA-I-MARTIN X. Convergence across states and regions [J]. Brookings papers on economic activity, 1991, 22 (1)：107-182.

③ RESTUCCIA D, ROGERSON R. Policy distortions and aggregate productivity with heterogeneous plants [J]. Review of economic dynamics, 2008, 11 (4)：707-720.

④ KLENOW P, HSIEH C T. Misallocation and manufacturing TFP in China and India [J]. The quarterly journal of economics, 2009, 124 (4)：1403-1448.

⑤ GOPINATH G, KALEMLI-OZCAN S, KARABARBOUNIS L, et al. Capital allocation and productivity in south Europe [J]. The quarterly journal of economics, 2017, 132 (4)：1915-1967.

⑥ BARRO R, SALA-I-MARTIN X. Convergence across states and regions [J]. Brookings papers on economic activity, 1991, 22 (1)：107-182.

⑦ MAGEE S P. Factor market distortions, production, distribution, and the pure theory of international trade [J]. The quarterly journal of economics, 1971, 85 (4)：623-643.

⑧ JOHNSON H G. Factor market distortions and the shape of the transformation curve [J]. Econometrica, 1966, 34 (3)：686-698.

⑨ AGHION P, HOWIT P. A model of growth through creative destruction [J]. Econometrica, 1992, 60 (2)：323-351.

规模和研发效率的增函数。

从上述分析中可以看出，在要素增强型生产函数中，在政府与市场"两只手"的干预下，无论是技术进步、要素产出弹性、要素之间的替代弹性还是厂商追求利润最大化所求的要素回报率之间均存在互动的关系，共同影响着区域经济增长。因此，单就某种要素而言区域差异会导致区域差异机制分析的"失真"或区域差异演变机理分析出现偏误，从而不能有效辨明区域协调发展的抓手。

（二）要素投入、产出动态与区域非平衡

在要素视角下考察区域差异主要包括两个方面：要素投入与要素产出。要素投入主要包括劳动、资本以及其他中间品。

1. 劳动要素

亚当·斯密所在的时代，专业化生产开始普及，分工催生了劳动力分化，衍生出企业家（管理人才）、技能劳动力、非技能劳动力等劳动分层，劳动力技能结构也成为后续研究的重点。如熊彼特（Schumpeter）认为创新的主体是企业家，企业家通过"创造性破坏"（creative destruction）推动创新和经济增长，企业家精神则是经济长期增长的重要生产要素，这也激发了内生增长理论有关 R&D 的研究。此外，也有相当多的文献提出企业家在生产性活动和非生产性活动上的时间配置对地区 R&D 存量和创新产出具有重要影响，因此企业家精神往往具有诸多不确定性（李新春等，2006；庄子银，2007）[1][2]。劳动力技能结构更加注重对劳动者自身研发能力或专业化技术水平的刻画，但是该指标相对较难量化，现有衡量指标中较为直观的如李珊珊（2016）[3] 选取大中型工业企业研发人员比重替代，Griliches（1977）[4] 和 Duffy et al.（2004）[5] 则选取教育年限作为衡量指标，并被后续研究广泛采用。另外一些学者采用生产率较高部门（人员）的平均工资与生产率偏低部门（人员）的平均工资衡量劳动技能，如通过大学生与高中生、研发部门与制造业、制造业与农业的平均工

① 李新春，苏琦，董文卓.公司治理与企业家精神［J］.经济研究，2006（2）：57-68.

② 庄子银.创新、企业家活动配置与长期经济增长［J］.经济研究，2007（8）：82-94.

③ 李珊珊.环境规制对就业技能结构的影响——基于工业行业动态面板数据的分析［J］.中国人口科学，2016（5）：90-100，128.

④ GRILICHES Z. Estimating the returns to schooling: some econometric problems［J］. Econometrica, 1977, 45（1）: 1-22.

⑤ DUFFY J, PAPAGEORGIOU C, PEREZ - SEBASTIAN F. Capital - skill complementarity? Evidence from a panel of countries［J］. The review of economics and statistics, 2004, 86（1）: 327-344.

资表征高、低技能劳动者，并通过计算部门（人员）的平均工资的比值来反映高技能劳动力相对于低技能劳动力的溢价（陆雪琴和文雁兵，2013；Liu，2009；宋冬林等，2010）[1][2][3]。

2. 资本要素

第一，资本和劳动具有较强的替代性，尤其是与技能劳动力之间存在较强的互补关系（Griliches 提出"'资本-技能'互补假说"），根据这一假说，一些学者证实了两者之间是绝对互补或相对互补的关系（Duffy et al.，2004）[4]，但是这种互补关系存在产业异质性和地区异质性，也有学者否认了这一互补关系（Berger，1984）[5]。有学者考察了资本与其他中间品之间的关系，如资本与能源的互补或替代关系往往具有阶段性特征（Hudson and Jorgenson，1974；孙广生等，2012）[6][7]。第二，投资在相当长时期内是我国经济增长的主要动力，按照张勋和徐建国（2014）[8] 的统计数据，我国历史上固定资产形成总额占GDP 比重最高达到 45.96%，明显高于其他国家，因此我国投资回报率如何受到学者广泛关注，Bai et al.（2006）[9] 通过设定资本回报率测算公式，计算出我国改革开放的前 15 年（1978—1993 年）资本回报率为 25%，1993—1998 年降低至约 20%，但仍高于其他经济体。其他一些研究表明，2009 年前，源于投资推动技术进步以及投资主体利用资金效率的提升，我国工业投资回报率呈快速增长态势，刘晓光和卢锋（2014）[10] 将我国这一阶段投资回报率的提升归

---

[1] 陆雪琴，文雁兵.偏向型技术进步、技能结构与溢价逆转——基于中国省级面板数据的经验研究 [J].中国工业经济，2013（10）：18-30.

[2] LIU L. Skill premium and wage differences：the case of China [J]. 2009 Second international symposium on knowledge acquisition & modeling，2009（2）：115-118.

[3] 宋冬林，王林辉，董直庆.技能偏向型技术进步存在吗？——来自中国的经验证据 [J].经济研究，2010，45（5）：68-81.

[4] DUFFY J，PAPAGEORGIOU C，PEREZ - SEBASTIAN F. Capital - skill complementarity？Evidence from a panel of countries [J]. The review of economics and statistics，2004，86（1）：327-344.

[5] BERGER M C. Increases in energy prices，costs of production，and plant size [J]. Journal of economics and business，1984，36（3）：345-357.

[6] HUDSON E A，JORGENSON D W. Energy policy and U.S. economic growth：1975—2000 [J]. Bell journal of economics and management science，1974，5（2）：461.

[7] 孙广生，黄祎，田海峰，等.全要素生产率、投入替代与地区间的能源效率 [J].经济研究，2012，47（9）：99-112.

[8] 张勋，徐建国.中国资本回报率的再测算 [J].世界经济，2014，37（8）：3-23.

[9] BAI C E，HSIEH C，QIAN Y. The return to capital in China [J]. Brookings papers on economic activity，2006（2）：61-101.

[10] 刘晓光，卢锋.中国资本回报率上升之谜 [J].经济学（季刊），2014，13（2）：817-836.

结于技术外溢和劳动力流动。2009 年后，我国资本回报率出现下降，主要表现出第三产业投资回报率下降，而工业资本回报率仍然较高，这可能得益于第三产业对基本公共服务如基础设施的改善提高了工业资本回报率（舒元等，2010；黄先海等，2011；白重恩和张琼，2014）①②③。

3. 资源错配

资源配置是经济增长动力研究的一个崭新视角，诸多学者探讨了资源错配与生产率的关系（Restuccia and Rogerson，2008；2013）④⑤，表明资源错配会降低全要素生产率（TFP），引发"效率损失"，拉大实际产出与潜在产出差距，导致"不经济"现象频发或成为常态。Hsieh and Klenow（2009）⑥ 通过用美国制造业边际产出为标准代替中国和印度制造业产业边际产出，以此填补中、印与美国的生产率缺口，这样一来，两国制造业全要素生产率将提升30%~50% 和 40%~60%，Restuccia and Rogerson（2008）⑦ 通过考察发现资源配置效率的改善对 1998—2005 年中国每年 TFP 的增长贡献为 2%，Brandt et al.（2002）⑧ 考察了资源错配对中国非农产业全要素生产率的影响，结果发现资源配置扭曲导致 TFP 损失达 20%左右，其中 20 世纪 90 年代以来，资本错配是导致要素错配的主要原因，而这一结果主要是由政府部门选择投资于国有企业而不是效率更高的企业导致的。Bai et al.（2006）⑨ 在测度我国地区资本回报率的同时，指出资本要素在地区内部以及地区之间存在错配。曹玉书和楼东玮

---

① 舒元，张莉，徐现祥. 中国工业资本收益率和配置效率测算及分解 [J]. 经济评论，2010（1）：27-35.

② 黄先海，杨君，肖明月. 中国资本回报率变动的动因分析——基于资本深化和技术进步的视角 [J]. 经济理论与经济管理，2011（11）：47-54.

③ 白重恩，张琼. 中国的资本回报率及其影响因素分析 [J]. 世界经济，2014，37（10）：3-30.

④ RESTUCCIA D，ROGERSON R. Policy distortions and aggregate productivity with heterogeneous plants [J]. Review of economic dynamics，2008，11（4）：707-720.

⑤ RESTUCCIA D，ROGERSON R. Misallocation and productivity [J]. Review of economic dynamics，2013，16（1）：1-10.

⑥ HSIEH C T，KLENOW P. Misallocation and manufacturing TFP in China and India [J]. The quarterly journal of economics，2009，124（4）：1403-1448.

⑦ RESTUCCIA D，ROGERSON R. Policy distortions and aggregate productivity with heterogeneous plants [J]. Review of economic dynamics，2008，11（4），707-720.

⑧ BRANDT L，TOMBE T，ZHU X. Factor market distortions across time，space and sectors in China [J]. Review of economics dynamics，2013，16（1）：39-58.

⑨ BAI C E，HSIEH C，QIAN Y. The return to capital in China [J]. Brookings papers on economic activity，2006（2）：61-101.

（2012）① 指出资源错配会影响短期和长期经济增长，而若消除资源错配的所有障碍，GDP 将每年增加 0.9 个百分点。产生资源错配的原因是多方面的，但多是由政府干预引起（韩剑等，2014）②，一般包括决策不当的产业政策（王文等，2014）③、区别对待的税费政策（Adamopoulos and Restuccia，2011）④、区际贸易保护主义（宋马林等，2016）⑤、所有制歧视（靳来群，2015）⑥ 以及表征贷款资质的征信体系（Banerjee and Duflo，2005）⑦ 等。既然导致资源错配的来源是多渠道的，且多由政府政策影响，因此现有研究多集中于通过强调改善政府与市场关系（马壮等，2016）⑧、建议出台高效的专项产业政策、充分发挥集聚经济的选择效应和集聚效应以及提升企业经营绩效（季书涵等，2017）⑨ 等途径来改善资源错配局面。

（三）技术状态与区域非平衡

技术状态主要包括技术进步水平、速度和方向三个视角（Hicks，1932；郝枫，2017）⑩⑪。技术进步水平一般多是在希克斯（Hicks）中性技术进步的条件下，假定要素边际替代率固定不变求得，后者则是在要素增强型技术进步的假定下进行测算。

1. 技术进步水平

技术贡献率最初是以劳动生产率等单一要素的单位产值进行衡量，但是该

---

① 曹玉书，楼东玮. 资源错配、结构变迁与中国经济转型 [J]. 中国工业经济，2012（10）：5-18.

② 韩剑，郑秋玲. 政府干预如何导致地区资源错配——基于行业内和行业间错配的分解 [J]. 中国工业经济，2014（11）：69-81.

③ 王文，孙早，牛泽东. 产业政策、市场竞争与资源错配 [J]. 经济学家，2014（9）：22-32.

④ ADAMOPOULOS T，RESTUCCIA D. The size distribution of farms and international productivity differences [J]. American economic review，2014，104（6）：1667-1697.

⑤ 宋马林，金培振. 地方保护、资源错配与环境福利绩效 [J]. 经济研究，2016，51（12）：47-61.

⑥ 靳来群，林金忠，丁诗诗. 行政垄断对所有制差异所致资源错配的影响 [J]. 中国工业经济，2015（4）：31-43.

⑦ BANERJEE A，DUFLO E. Do firms want to borrow more？testing credit constraints using a directed lending program [J]. Review of economic studies，2014，81（2）：572-607.

⑧ 马壮，李延喜，曾伟强，等. 产业政策提升资本配置效率还是破坏市场公平？[J]. 科研管理，2016，37（10）：79-92.

⑨ 季书涵，朱英明. 产业集聚的资源错配效应研究 [J]. 数量经济技术经济研究，2017，34（4）：57-73.

⑩ HICKS J R. The Theory of wages [M]. London：Macmillan，1932.

⑪ 郝枫. 中国技术偏向的趋势变化、行业差异及总分关系 [J]. 数量经济技术经济研究，2017，34（4）：20-38.

指标并不能具体刻画技术进步。全要素生产率的研究肇始于"索洛剩余"，并被用来指代技术进步，鲁晓东和连玉君（2012）① 则认为将其称为生产率水平更为恰当。随着经济学的发展，有关全要素生产率的测度方法日益丰富且存有争议（Van Ommen，2012）②，测度的样本也有从宏观向微观领域转移的趋势。宏观视角下测度全要素生产率的方法常见的有 OLS、FE、GMM、SFA（随机前沿生产函数方法，参数估计方法）、DEA（数据包络分析，非参数估计方法）等，微观领域的测度则以 OP、LP 半参数方法以及 SFA 为主（Olley and Pakes，1996；Levinsohn and Petrin，2003）③④。宏观领域如王恕立等（2015）⑤ 借助 M-L 指数（DEA 方法）对我国服务业行业全要素生产率的测算，考虑到 DEA 仅能估算全要素生产率的变动率（相对效率），其他一些学者多运用 SFA 测度全要素生产率（孙早和许薛璐，2017）⑥。微观领域如杨汝岱（2015）⑦ 选取 OP 和 LP 半参数方法对我国制造业企业全要素生产率的测算。范剑勇等（2014）⑧ 发现 OP 方法将造成较大比重的样本损失，因此选取 LP 和 SFA 方法估算了企业全要素生产率。

2. 技术进步偏向

中性技术进步的假定在现实世界中并不能得到满足，技术进步可能更多地从其中几种要素中受益，即技术进步是有偏向的。Acemoglu（2002）⑨ 开启了技术进步偏向的研究，他基于要素价格效应和要素规模效应对技术进步偏向进行了探讨，并利用美国数据进行了检验。按照技术偏向的类型不同大致可以将

① 鲁晓东，连玉君. 中国工业企业全要素生产率估计：1999—2007［J］. 经济学（季刊），2012，11（1）：541-558.

② OMMEN J，COPPENS M，BLEEK C，et al. Early warning of agglomeration in fluidized beds by attractor comparison［J］. AIChE journal，2000，46（11）：2183-2197.

③ OLLEY G S，PAKES A. The dynamics of productivity in the telecommunications equipment industry［J］. Econometrica，1996，64（6）：1263-1297.

④ LEVINSOHN J，PETRIN A. Estimating production functions using inputs to control for unobservables［J］. The review of economic studies，2003，70（2）：317-341.

⑤ 王恕立，滕泽伟，刘军. 中国服务业生产率变动的差异分析——基于区域及行业视角［J］. 经济研究，2015，50（8）：73-84.

⑥ 孙早，许薛璐. 前沿技术差距与科学研究的创新效应——基础研究与应用研究谁扮演了更重要的角色［J］. 中国工业经济，2017（3）：5-23.

⑦ 杨汝岱. 中国制造业企业全要素生产率研究［J］. 经济研究，2015，50（2）：61-74.

⑧ 范剑勇，冯猛，李方文. 产业集聚与企业全要素生产率［J］. 世界经济，2014，37（5）：51-73.

⑨ ACEMOGLU D. Directed Technical Change［J］. The review of economic studies，2002，69（4）：781-809.

技术偏向分为资本偏向（capital-biased）（劳动节约，labor- saving）型技术进步、劳动偏向（labor-biased）（资本节约，capital- saving）型技术进步、中性（neutral）技术进步。在技术进步偏向的经验研究方面，黄先海和徐圣（2009）①在对劳动密集型和资本密集型两部门要素边际产出弹性和劳动收入比重变化分析的基础上，认为劳动节约型技术偏向是导致劳动收入份额下降的重要原因。我国学者戴天仕和徐现祥（2010）②基于 Acemoglu（2002）对技术进步偏向的界定，构建了技术进步偏向指数，该指数被我国诸多学者在后续的研究中广泛采用。在现有的研究中，研究结果均表明技术进步一般是偏向资本的（Klump et al.，2007；戴天仕和徐现祥，2010；陈晓玲和连玉君，2012）③④⑤。

（四）产业集聚与区域非平衡

产业集聚的研究肇始于 Marshall（1920）⑥，他指出集聚可以加速技术外溢，强化劳动力池效应（labor market pooling）和投入产出关联优势（input-output linkages），Ellison et al.（2010）⑦基于美国制造业调查数据，佐证了马歇尔的集聚外部性理论，并认为在集聚的三大效应中，产业关联效应最为重要。与马歇尔外部性（marshall externalities）强调专业化不同，Jacobs（1969）⑧在 Solow（1956）强调要素投入的模型基础上，阐释了要素投入结构即经济多样性（jacobs externalities）对经济增长的影响，突出了多样化经济在面对外部需求冲击时的组合效应（Attaran，1986）⑨。后续有关产业集聚与经济增长的文献多是在继承马歇尔外部性和雅克布斯外部性理论的基础上进行研

---

① 黄先海，徐圣. 中国劳动收入比重下降成因分析——基于劳动节约型技术进步的视角［J］.经济研究，2009，44（7）：34-44.

② 戴天仕，徐现祥. 中国的技术进步方向［J］. 世界经济，2010，33（11）：54-70.

③ KLUMP R，MCADAM P，WILLMAN A. Factor substitution and factor augmenting technical progress in the US：a normalized supply-side system approach［J］. The review of economics and statistics，2007，89（1）：183-192.

④ 戴天仕，徐现祥. 中国的技术进步方向［J］. 世界经济，2010，33（11）：54-70.

⑤ 陈晓玲，连玉君. 资本-劳动替代弹性与地区经济增长——德拉格兰德维尔假说的检验［J］. 经济学（季刊），2012，12（4）：93-118.

⑥ MARSHALL A. Principles of Economics［M］. London：Macmillan，1920.

⑦ ELLISON G，GLAESER E L，KERR W R. What causes industry agglomeration? Evidence from coagglomeration patterns［J］. American economic review，2010，100（3）：1195-1213.

⑧ JACOBS J. The economy of cities［M］. New York：Vintage，1970.

⑨ ATTARAN M. Industrial diversity and economic performance in United States areas［J］. Annals of regional science，1986，20（2）：44-54.

究。此外，也有学者探究了集聚的成因，如 Fujita et al. (1999)[①] 将集聚的成因归结为向心力和离散力，这两种作用力具有高度的概括性，后续有关集聚成因的探讨也多可以纳入这两种作用力中，向心力如运输成本的降低，离散力则如户籍制度等的前置性障碍，Krugman and Venables (1995)[②] 还考察了国际贸易对制造业集聚的作用，Rosenthal and Strange (2001)[③] 基于对美国制造业数据的研究发现，对中间品和自然资源的依赖影响了州一级行政单位的产业集聚。

产业集聚作为一种空间资本，集聚效应的发挥也会加快塑造核心外围的空间生产优势格局，但是受拥塞效应（congestion effects）和同群效应（peer effects）等的影响，产业集聚加剧了区域差异的复杂性，如可能会出现生产效率低的企业为了避免竞争或出于享受集聚外溢效应的目的而选择离开或留在中心，生产效率高的企业也同样会产生区位自选择效应，出现为推动集聚效应或避免模仿、回避拥挤成本等选择留在或远离集聚中心的行为（Baldwin and Okubo, 2006; Melitz and Ottaviano, 2008)[④][⑤]，从而导致集聚区与外围区生产率差异出现较大波动（Okubo and Tomiura, 2012)[⑥]。因此，产业集聚具有动态演化和地域异质的特征，如发展较早地区的教育和经济在地理分布上都比晚起地区更均衡（Henderson et al., 2018)[⑦]，这也印证了集聚在区域非平衡治理中扮演着重要角色（陈钊，2009)[⑧]。

结合马歇尔外部性和雅克布斯外部性的定义不难看出，产业集聚对经济增

① FUJITA M, KRUGMAN P, VENABLES A J. The spatial economy: cities, regions, and international trade [M]. Cambridge: The MIT Press, 1999.

② KRUGMAN P, VENABLES A J. Integration, specialization, and adjustment [J]. European economic review, 1996, 40 (3-5): 959-967.

③ ROSENTHAL S S, STRANGE W C. The determinants of agglomeration [J]. Journal of urban economics, 2001, 50 (2): 191-229.

④ BALDWIN R, OKUBO T. Heterogeneous firms, agglomeration and economic geography: spatial selection and sorting [J]. Journal of economic geography, 2006, 6 (3): 323-346.

⑤ MELITZ M J. The impact of trade on intra-industry reallocations and aggregate industry productivity [J]. Econometrica, 2003, 71 (6): 1695-1725.

⑥ OKUBO T, TOMIURA E. Industrial relocation policy, productivity and heterogeneous plants: evidence from Japan [J]. Regional science and urban economics, 2012, 42 (1): 230-239.

⑦ HENDERSON J V, SQUIRES T, STOREYGARD A, et al. The global distribution of economic activity: nature, history, and the role of trade [J]. The quarterly journal of economics, 2018, 133 (1): 357-406.

⑧ 陈钊. 在集聚中走向平衡：中国城乡与区域经济协调发展的实证研究 [M]. 北京：北京大学出版社，2009.

长的作用机制主要包括两条路径：第一，产业集聚加速技术外溢，表现为产业集聚强化地区技术水平，同时加速对地理临近或经济临近区域技术水平或技术类型的影响，可能产生技术同化现象；第二，产业集聚影响要素投入，包括劳动、资本、中间品，从而影响区域产业结构等。因此，在分析产业集聚对经济增长和区域平衡作用的时候也要注重对要素投入动态机制的考察。

三、关于发展战略对经济增长影响的研究综述

区域发展战略是政府干预经济的主要手段。政府干预是政府凭借自身拥有的政治权利对经济资源配置进行调控的行为。一方面政府干预扩张具有"粘纸效应"（flypaper effect），即政府规模的"自扩张效应"（范子英和张军，2010）[①]；另一方面，施政偏好也决定了政府干预会出现对某些地区或产业的"偏袒"，导致对特定领域存在干预过度或干预不到位的现象，使得政府干预对经济增长的效果成为要素"挤入效应"、经济"增长效应"之间的综合权衡结果。

发展战略作为政府干预经济的手段之一，会通过影响政府规模以及政府支出结构来影响经济增长。

（一）政府规模对经济增长的影响

最早研究政府规模与经济增长的关系当属经典瓦格纳法则，其后也有较多的学者对该议题进行了研究，如 Musgrave（1969）[②] 对该法则进行了经验性研究和再定义。处理政府与市场之间的关系，其实也是"大政府"和"弱政府"间的取舍和决策博弈。学界关于政府规模与经济发展关系的研究，主要有三种观点：其一，政府规模可以较好地促进经济增长，这一观点较为符合凯恩斯的经济理论，尤其在经济前景不好的阶段，如 Ram（1986）[③] 等对欧洲国家和地区的研究。我国学者文雁兵（2014）[④] 在梳理文献的基础上，将政府规模的效力概括为"增长效应"和"溢出效应"，前者是指政府通过对资源的再配置以达到促进地区经济增长的目的，后者则是指政府的公共服务职能，如交通基础

[①] 范子英，张军. 粘纸效应：对地方政府规模膨胀的一种解释 [J]. 中国工业经济，2010（12）：5-15.

[②] MUSGRAVER A. Fiscal systems [M]. New Haven：Yale University Press，1969.

[③] RAM R. Government size and economic growth：A new framework and some evidence from cross-section and time series data：reply [J]. American economic review，1989，79（1）：281-284.

[④] 文雁兵. 政府规模的扩张偏向与福利效应——理论新假说与实证再检验 [J]. 中国工业经济，2014（5）：31-43.

设施的构建、公共服务平台的搭建、营商环境的改善等。我国学者刘霖（2005）① 等通过对我国地区数据的研究也重点支持了"增长效应"的观点。其二，政府规模对经济增长具有负相关效应。如 Barro（1991）② 选取 98 个国家的时间序列数据（1960—1985 年）证实了政府规模在该阶段对经济增长的贡献呈现显著的负相关关系，我国学者也基于对我国经济活动数据的分析，得出与此类似的结论（姜磊，2008；李银秀，2015）③④。多数学者认为，政府规模膨胀会诱发对民间资本的"挤出效应"（文雁兵，2014）⑤，出现企业寻租与官员腐败（Grossman，1988）⑥。其三，较多的学者认为政府规模与经济增长之间存在非线性关系，即区间转换特征。Grossman（1988）⑦ 认为政府规模对经济增长的作用会随着经济增长而由促进作用转向阻碍作用，Barro（1990）⑧ 进一步指出政府规模与经济增长的关系需要判定增税和增支导致资本边际产出二者的大小，张富田（2013）⑨ 分短期和长期证实了政府和市场在不同发展阶段起的主导作用不同。其内在逻辑是，政府规模通常需要保持在合理区间，以保障"有为政府"功能的有效发挥，而若政府规模过小或过大，则可能出现政府职能的"缺位"或者因过度干预而导致的市场作用发挥受限、资源配置扭曲等不利于经济发展的负面影响。

（二）政府支出结构对经济增长的影响

这一方面可以表现在政府支出对一些产业的扶持上，如韩永辉等

---

① 刘霖.政府规模与经济增长——基于秩的因果关系研究［J］.社会科学研究，2005（1）：40-44.

② BARRO R J. Economic growth in a cross-section of countries［J］. The quarterly journal of economics，1991，106（2）：407-443.

③ 姜磊.政府规模与服务业发展——基于中国省级单位面板数据的分析［J］.产业经济研究，2008（3）：1-6.

④ 李银秀.政府规模与经济增长的 Armey 曲线效应——陕西经验分析［J］.统计与信息论坛，2015，30（8）：25-30.

⑤ 文雁兵.政府规模的扩张偏向与福利效应——理论新假说与实证再检验［J］.中国工业经济，2014（5）：31-43.

⑥ GROSSMAN J. Government and economic growth：A non-linear relationship［J］. Public choice，1988，56（2）：193-200.

⑦ 同⑥.

⑧ BARRO R J. Government spending in a simple model of endogenous growth［J］. Journal of political economy，1990，98（5）：103-125.

⑨ 张富田.金融剩余动员与区域经济增长的关系研究［J］.经济经纬，2013（6）：13-17.

（2017）① 通过设计产业政策强度指标，实证检验了产业政策对地区经济结构的积极作用，不仅如此，政府扶持在一些新兴产业成长初期会给企业带来较大利好，但是待该产业扩张后，产业政策则会导致同质化产能过剩（周亚虹等，2015）②。从宏观层面来讲，政府发展战略对地区非平衡治理以及区域共享发展方面发挥着关键作用。针对西部大开发战略，刘瑞明和赵仁杰（2015）③ 证实西部大开发战略的实行促进了西部地区基础设施建设和能源开发，却没有带动地区内生动力的转变，软环境建设仍然滞后。然而，发展战略的实行毫无疑问地促进了地方政府规模的膨胀（冯俊诚和张克中，2016）④。再者，作为地方政府融资的主要手段，土地政策对地区经济发展具有较大影响，陆铭等（2018）⑤ 考察了土地产权保护对新区建设效率的影响，认为二者存在正相关关系。不仅如此，陆铭等（2015）⑥ 通过对"偏向中西部的土地供给"政策进行了考察，认为该种政策间接减少了东部地区的土地供给，这种行政干预下的土地资源错配势必会造成地区间发展效率的损失。因此，政府发展战略的偏好会影响企业间、行业间、地区间的经济发展效率。

四、相关评述

目前，随着计量经济学等学科的快速发展以及我国密集出台各类区域政策的相关背景，探讨区域发展战略影响地区经济增长的文献日益增多。但考虑到地区经济增长的异质性内在机理，以及地区发展受产业政策和区域政策的双重影响，本书认为仍有以下方面亟待拓展：

第一，现有文献中缺乏对中部地区相关问题的探讨，与之有关的实证研究更是匮乏。在不多的实证研究中，往往是以《促进中部地区崛起规划》的出

---

① 韩永辉，黄亮雄，王贤彬. 产业政策推动地方产业结构升级了吗？——基于发展型地方政府的理论解释与实证检验 [J]. 经济研究，2017，52（8）：33-48.

② 周亚虹，蒲余路，陈诗一，等. 政府扶持与新型产业发展——以新能源为例 [J]. 经济研究，2015，50（6）：147-161.

③ 刘瑞明，赵仁杰. 西部大开发：增长驱动还是政策陷阱——基于 PSM-DID 方法的研究 [J]. 中国工业经济，2015（6）：32-43.

④ 冯俊诚，张克中. 区域发展政策下的政府规模膨胀——来自西部大开发的证据 [J]. 世界经济文汇，2016（6）：58-74.

⑤ 陆铭，常晨，王丹利，等. 制度与城市：土地产权保护传统有利于新城建设效率的证据 [J]. 经济研究，2018，53（6）：171-185.

⑥ 陆铭，张航，梁文泉. 偏向中西部的土地供应如何推升了东部的工资 [J]. 中国社会科学，2015（5）：59-83，204-205.

台时间为节点进行研究，本书认为与之相比，选取能够给中部地区发展带来真正利惠的"两个比照"政策更加适宜，政策选择上的差异可能会导致政策实施动态边际处理效应在时间上的偏误。

第二，现有研究缺乏区域与产业政策的一体化研究，多以单一的区域政策或产业政策为对象进行考察。由于发展战略多涉及区域与产业等多个领域的政策，因此本书尝试选取开发区政策探讨其对中部地区经济增长的影响效力。随着微观经济学以及大数据的应用，现有研究开始关注开发区政策，但有关该项政策影响经济增长的资源配置路径的研究较少。

第三，发展战略的实行在一定程度上会导致地区经济发生集聚。然而，现有关于集聚与经济增长议题的研究多遵循固有研究范式，通常借助专业化和多样化集聚指标刻画集聚与经济增长的关系，然而作为政府调节资源在地区间、产业间配置的一种手段，政府政策实行引起的诱导集聚效应在相关集聚领域的研究也可进一步拓展。

第三节 研究思路、研究内容与研究方法

一、研究思路

本书以区域发展战略为视角探究政府干预对中部地区经济增长的影响。在我国，行政区经济以及政策划归的经济板块是我国经济地理的主要表象，这也导致市场分割的现象在我国普遍存在，加之地理区位、自然资源等的发展条件，使我国形成了鲜明的从东向西的阶梯状发展布局和区域非平衡的发展态势。中部地区作为我国的四大板块之一，其发展事关我国的全局增长，因此本书以地区非均衡发展为切入点，在综合梳理我国区域发展战略的基础上，首先分析国家发展战略的实施对地区非均衡发展的影响，从而得出我国发展战略与经济增长的一般性结论。其次，中部地区具有自身的特殊性，本书进一步考察中部地区发展战略的实行对本地区经济增长的影响，从而对已有政策的执行效果进行综合评估，以启示中部地区未来较长时期内的发展，对相关政策的完善和进一步地深入贯彻有借鉴意义。

二、研究内容

中部地区是中华文明的发祥地，也是明清以来到民国时期的繁荣之地。新中国成立后，由于国际国内形势的变化，我国经济发展重心开始转变，可以概括为"先东北、后东部"。2000 年，随着西部大开发战略的推行，西部地区成为我国经济发展补短板和强基础的重要地区。中部地区作为东部和西部的接续区，在较长时期内仅作为能源的输出区，在经济发展的整体格局和梯度推进中未能得到政府发展战略和重点支持。

2006 年以来，国家开始着手推动中部地区崛起，先后出台系列文件扶持中部地区发展，包括《中共中央国务院关于促进中部地区崛起的若干意见》（中发〔2006〕10 号）、《关于中部六省比照实施振兴东北地区等老工业基地和西部大开发有关政策范围的通知》（国办函〔2007〕2 号）和《国务院办公厅印发关于中部六省实施比照振兴东北地区等老工业基地和西部大开发有关政策的通知》（国办函〔2008〕15 号）等文件，然而对这些政策的执行也在相当长时期内没有进行相应的考核以及纠偏，仅在 2012 年国务院进一步发文《关于大力实施促进中部地区崛起战略的若干意见》（国发〔2012〕43 号），而后直到 2016 年年底出台《促进中部地区崛起"十三五"规划》，才对中部地区的发展定位做出了进一步改进，"十三五"以来，中部地区的发展开始得到政府的大力扶持。不仅如此，在相当长的时期内，中部地区在深陷"政策洼地"的同时也处于"学术困境"，在现有我国区域的文献研究中，多集中于讲述东部和西部的发展故事，而对中部地区发展的文献则相对较少。鉴于此，本书着重突出对中部地区的研究，并以发展战略为切入点，探究政策对中部崛起的作用，并启示未来中部崛起"处方"。本书分为七章，具体内容如下：

第一章，绪论部分。本部分主要包括研究背景、研究意义、相关文献综述、研究思路等内容。进入新常态以来，我国经济粗放增长的传统依赖路径逐渐剥离，提质增效的势头愈发强劲。"十三五"尤其是党的十九大以来做出了众多理论和实践创新，党的十九大鲜明地提出我国进入新时代，并形成了习近平新时代中国特色社会主义经济思想，这一理论根本上要求解放生产力，实现更高质量、更有效率、更加公平、更可持续的发展。绪论部分以此为背景，阐明了探讨中部地区问题的重要性和必要性，并在中部地区"政策洼地"和"经济塌陷"基础上指明了区域发展战略对中部崛起的重要意义。在阐释本研究理论意义和现实意义的基础上，本书围绕发展战略及地区非平衡展开文献综述。最后指出了本书以一般性和特殊性为原则的基本分析思路。此外，本书还对研究中的创新点进行了说明。

第二章，理论基础。本章主要包括概念界定、相关理论基础和模型构建三部分。概念界定主要是对中部地区、中部崛起和区域发展战略三个概念进行了明确的划定。在此基础上，回顾了新结构经济学、新制度经济学、空间政治经济学的研究成果，最后构建了一个简单的理论模型，阐明本书研究和论证的基本内容。新制度经济学认为决定制度供给变迁的根本原因是要素的相对价格，要素相对价格的变动也会诱发行为人对制度进行主动的变革，即"诱致性制度变迁理论"。新结构经济学则区分了制度变迁的动力机制，提出"强制性制度变迁"，并进一步划分为比较优势战略和赶超战略。空间政治经济学也将"政治经济学"因素作为资源配置扭曲的诱因，并在此基础上对区域经济进行研究。理论分析部分构建了"一个政府、两个区域"的模型，结果表明，特定区域的优惠政策给政策惠泽区域带来较大利好，但也存在"以邻为壑"的可能，主要表现在：一是其他区域可能因为相对高出的赋税出现利益损耗而减少产量，二是发展战略影响两个地区的要素相对价格发生改变，导致产生要素价格扭曲和效率损失。

第三章，非平衡治理：重大区域战略对地区差异的影响。本章尝试开展发展战略与地区非平衡发展的一般性分析。本章的思路主要是在对我国宏观战略进行梳理和地区非平衡进行测算的基础上，实证考察区域发展战略对地区非平衡的影响。在研究中，本书将发展战略区分为赶超战略（TCI）和区域发展战略（strategy），前者为地区资本密集型产业的优先发展程度，后者包括东部率先发展战略、西部大开发战略、东北振兴战略和中部崛起战略。接着，选取省级、市级和中部地区县级三套数据，借助趋同指数和收敛指数对地区非平衡发展进行了刻画，泰尔指数、σ趋同指数和β趋同指数均表明我国地区之间整体表现为收敛，地区间差异是导致我国省域差异的主要原因，地区内差异是导致我国市域差异的主要原因，中部地区县域数据的测度结果也支持了收敛的结论，但各省表现迥异。最后，基于理论模型分析，本书构建了发展战略对地区发展的实证模型，实证结果表明赶超战略并没有给地区经济发展带来显著的正向促进效应，东部率先发展则显著推动了东部地区经济发展，西部大开发、东北振兴和中部崛起等战略的实施使本地区平均经济水平较其他区域（包括东部）的差距有所拉大。

第四章，空间重构：区域发展战略与发展格局重塑。本章借助人口加权变异系数、ESDA 技术，着重突出空间视阈下中部地区经济空间格局的演变，并结合空间截面模型和空间 Durbin 模型从时空语境探讨了中部地区经济格局演变的内在逻辑。分析结果表明，中部地区经济核心区的增长可能是以牺牲邻近区域经济增长率或发展水平为代价。模型部分设定了三种空间权重矩阵，揭示出城镇化、财政支出、投资水平仍是中部地区经济增长的主要引擎。产业结构在地理距离上会拉动范围内区域发展，而在经济距离上可能由于技术适宜性等问题导致其对邻近区域产业发展影响不显著。中部崛起战略实施后，产业结构、城镇化水平、出口水平、固定资产投资、交通基础设施等对地区经济发展水平的影响效力有所提升，显示出"三基地、一枢纽"地位打造的重要性。人口密度、外商直接投资（FDI）水平等的效力较为微弱。

第五章，发展动态：区域发展战略对地区经济增长的影响。本章突出中部地区的战略对中部地区经济发展的考察。"两个比照"政策作为中部崛起的核心举措，本章结合理论推演和 PSM-DID 方法对"两个比照"政策的实施效果进行分析和估测，尝试为中部崛起及中部地区未来的发展提供洞见。理论分析部分将政策干预纳入 CES 生产函数，推演得出以要素供给和提质增效为基本路径的政策效应分析框架，并结合中部崛起"三基地、一枢纽"的发展定位，提出本章假设。实证检验结果表明，"比照东北振兴"战略实施效应的发挥具有时滞性，但其仍使处理组城市的经济规模较对照组有显著的提高，且"三基地、一枢纽"的发展目标基本实现，然而该政策没有对处理组城市经济转型和提质增效产生明显作用。"比照西部大开发"政策效应的分析结果也支持了该政策各项战略着力点的基本落地，但"两个比照"政策导致了农业区经济规模的下降及处理组农民收入的下滑，对地区软实力的提升也相对有限，值得关注。

第六章，资源错配：区域产业政策对地区经济增长的影响。本章选取并设定指标衡量政策诱导集聚的强度，进而考察了政府借助开发园区政策，通过诱导型集聚对经济增长的影响，并着重突出了资源错配的作用渠道。结果表明，政策诱导集聚对经济增长的作用具有鲜明的地区异质性，诱导型集聚在经济发展水平相对较高的地区对经济增长表现出正向的促进作用，在资源错配程度高的地区效用较大，且相比地区劳动错配，资本错配程度高的地区政府干预集聚对经济增长的影响效力更大。开发区企业在降低资源错配和经济增长方面较非开发区企业确有优势，但这种优势是比较微弱的，加之开发区企业全要素生产率参差不齐以及开发园区的均衡布局等可能是导致园区效率下降的关键原因。

第七章，结论与政策建议。本章对全文的结论和启示进行了概括，并对中部地区未来较长时期内的发展提出了相应的对策建议，最后对本书的下一步研究方向进行了展望。

三、研究方法

（一）研究方法

按照本书研究思路，本书将采取定性研究和定量研究相结合、规范分析与实证分析相结合的方法进行论证。

第一，定性研究和定量研究相结合。本书在开篇着重突出对中部地区制造业基础雄厚、自然资源禀赋优越等条件的论述，并剖析了中部地区成为"政策洼地"和"经济塌陷"的历史背景，指明发展战略对中部地区崛起的关键作用，本书认为发展战略也是影响中部地区资源禀赋动态变迁的主要因素，继而本书在后续章节展开了发展战略对中部崛起的作用研究。本书的主要章节均是结合定性研究和定量研究的方法，首先按照不同的政策考察背景设定相应的理论分析，其次通过实证模型对理论分析结论或假说进行考察，最后结合经济学知识及发展实践对估计结果进行阐释。

第二，规范分析与实证分析相结合。本书整体的撰写逻辑是在现状分析的基础上对考察对象做出进一步的分析。现状分析部分主要是使用省级、市级和县级的数据结合趋同指数和收敛指数对地区非平衡发展情况进行测度和说明，并从全国整体以及不同省份对中部地区的非平衡发展现状做出比较。最后结合模型设计考察发展战略对地区非均衡发展和中部崛起的作用机理，以启示中部崛起未来的发展路径及战略抉择。

（二）技术路线图

结合技术路线图（见图1-1），本书首先测算了地区非平衡发展现状，考察了国家战略对地区经济增长的影响。继而针对中部地区，选取"两个比照"政策和开发区政策剖析地区发展战略对经济增长的影响及内在机理，并对结论进行一般化拓展，最后得出本书的结论及对中部地区未来发展的建议。

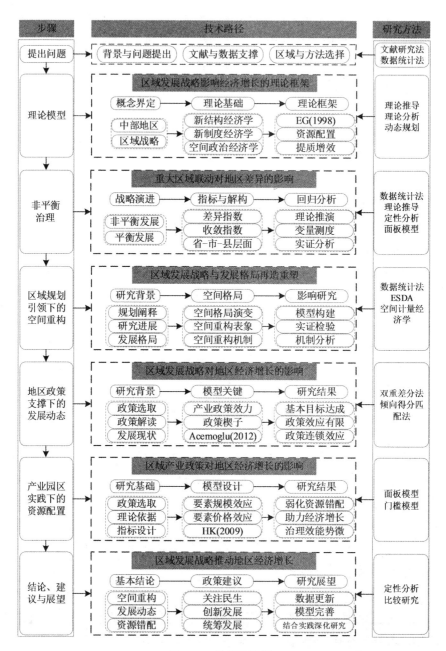

步骤	技术路径	研究方法

提出问题 → 背景与问题提出 | 文献与数据支撑 | 区域与方法选择 ← 文献研究法 数据统计法

理论模型

区域发展战略影响经济增长的理论框架

概念界定 → 理论基础 → 理论框架
中部地区 / 区域战略 | 新结构经济学 / 新制度经济学 / 空间政治经济学 | EG(1998) / 资源配置 / 提质增效

← 理论推导 理论分析 动态规划

非平衡治理

重大区域联动对地区差异的影响

战略演进 → 指标与解构 → 回归分析
非平衡发展 / 平衡发展 | 差异指数 / 收敛指数 / 省-市-县层面 | 理论推演 / 变量测度 / 实证分析

← 数据统计法 理论推导 定性分析 面板模型

区域规划引领下的空间重构

区域发展战略与发展格局再造重塑

研究背景 → 空间格局 → 影响研究
规划阐释 / 研究进展 / 发展格局 | 空间格局演变 / 空间重构表象 / 空间重构机制 | 模型构建 / 实证检验 / 机制分析

← 数据统计法 ESDA 空间计量经济学

地区政策支撑下的发展动态

区域发展战略对地区经济增长的影响

研究背景 → 模型关键 → 研究结果
政策选取 / 政策解读 / 发展现状 | 产业政策效力 / 政策楔子 / Acemoglu(2012) | 基本目标达成 / 政策效应有限 / 政策连锁效应

← 双重差分法 倾向得分匹配法

产业园区实践下的资源配置

区域产业政策对地区经济增长的影响

研究基础 → 模型设计 → 研究结果
政策选取 / 理论依据 / 指标设计 | 要素规模效应 / 要素价格效应 / HK(2009) | 弱化资源错配 / 助力经济增长 / 治理效能势微

← 面板模型 门槛模型

结论、建议与展望

区域发展战略推动地区经济增长

基本结论 → 政策建议 → 研究展望
空间重构 / 发展动态 / 资源错配 | 关注民生 / 创新发展 / 统筹发展 | 数据更新 / 模型完善 / 结合实践深化研究

← 定性分析 比较研究

图 1-1 技术路线图

第四节　主要创新点

本书的创新点主要体现在两个方面：

第一，尝试拓展发展战略对地区经济增长的模型构建。首先，理论分析部分，本书在借鉴 Eaton and Grossman（1998）[①] 的基础上构建了"一政府、两地区"模型，并基于产品有限替代条件，考察了政府的差异性税收对地区产品供给的影响；其次，在地区发展战略对中部地区经济增长影响的分析部分，本书借助政府部门的"要素挤入因子"来构建模型进行考察；最后，在有关开发园区政策的分析中，本书区分了自主集聚和诱导型集聚情境构建模型，考察了发展战略影响经济增长的资源错配渠道。

第二，区别于既往研究，尝试强化研究视角的创新性。首先，在地区发展战略对中部地区经济增长影响的考察中，本书选取"两个比照"政策作为战略抓手。一方面，有关中部地区政策执行效果的定量研究乏人问津；另一方面，该政策明确了利惠条目，从而对该政策的考察仍是把脉中部地区的基础性工作。其次，区域发展战略具有影响区域和产业的双重效力，整体上会促进地区经济的集聚发展。本书最终选取了开发区政策，一是园区政策具有产业和区域政策的双重属性；二是通过筛选和甄别开发区企业个体，借此既可以体现区域发展战略的基本内涵，衡量政策诱导集聚强度，又可以为集聚经济学的研究提供新的洞见。

---

① EATON J, GROSSMAN G M. Optimal trade and industrial policy under oligopoly [J]. The quarterly journal of economics, 1986, 101（2）: 383-406.

第二章　区域发展战略影响地区
经济增长的理论基础
与分析框架

第一节　核心概念界定

一、中部地区

按照我国的区域经济划分格局，中部地区即为山西、河南、湖南、湖北、安徽、江西六省。在现有文献研究的划分中，为了便于对计量模型进行估计，也有学者将黑龙江、吉林、内蒙古等纳入中部地区。此外，随着经济地理格局的重塑，也有学者提出中部地区"分散突围"的发展理念，这一观点可在政府的规划文本中找到雏形，主要包括山西省融入京津冀地区、安徽省融入长三角地区等观点，其中，皖东地区融入"长三角"更是直接写入了《长江三角洲城市群发展规划》。因此，为了便于区分，本书在此对中部地区这一概念进行界定，文中出现的中部地区与传统意义上的中部地区一致，仅涵盖六个省份。

二、中部崛起

"中部崛起"概念于2004年在政府工作报告中首次提出。作为一个较为熟知的概念，却没有相关文献或文件对其进行界定。一方面可能由于这一概念通俗易懂，确实较好理解；另一方面，"崛起"类同于"突出"或"高起"等词，在此可能与"发展"等简单词汇意义相通。然而，若要仔细剖析中部崛起的途径，则又显得概念有些模糊，因此本书在此对该概念进行界定。从狭义上来讲，中部崛起的概念应符合《中共中央国务院关于促进中部地区崛起的若干意见》（中发〔2006〕10号）等相关文件要求，因此，中部崛起在"十三五"前的战略目标则可以简单概括为"三基地、一枢纽"，在"十三五"之后则随着新的发展定位的确立，"崛起"一词应调整为"一中心、四区"。从广义上来讲，中部崛起在经济上的定义可以概括为"数量"和"质量"两个层面，数量方面即经济产出的增加，质量方面则更体现在经济的提质增效上，对于中部地区而言，广义层面的中部崛起则是通过"三基地、一枢纽"这一战略定位的持续打造和升级来实现的。

三、区域发展战略

发展战略是发展经济学探讨的关键内容。按照发展经济学的观点，发展战略可以包括平衡和不平衡增长理论、内向型和外向型发展战略等。本书重点关注区域发展战略，从而前者是本书对战略内涵的基本刻画。在区域发展战略中，还需要关注的理论是增长极理论、"回流效应"和"扩散效应"以及梯度转移理论。因此，区域发展战略需要考虑空间结构及产业结构的动态变迁。具体而言，本书首先选取东部率先发展、东北振兴、西部大开发以及中部崛起等战略，考察不同发展战略对经济增长的影响，继而针对中部地区，突出具体明确中部地区可享优惠政策的"两个比照"政策，更进一步地，考虑到开发区政策具有区域政策和产业政策的双重内涵，因此，本书在微观视域的考察中选取开发区政策进行考察。在后文对不同区域发展战略的分析中，本书将进一步对相关发展战略的出台背景以及政策内容进行阐释。

四、区域非平衡发展

党的十九大对我国进入新时代社会的主要矛盾做出了新的论断，指出我国社会的主要矛盾已经由人民日益增长的物质文化需求同落后的社会生产之间的矛盾转化为人民日益增长的美好生活需要和不平衡不充分的发展之间的矛盾，并据此提出建设现代化经济体系、深化供给侧结构性改革以及推动乡村振兴和区域协调的发展战略。因此，区域非平衡发展在一定程度上反映了地区经济增长在"量"和"质"上的发展差异。纵观现有文献，对地区非平衡发展的衡量多数选取人均收入作为指标，如刘贯春等（2017）[①] 以人均收入差异作为研

[①] 刘贯春，张晓云，邓光耀.要素重置、经济增长与区域非平衡发展［J］.数量经济技术经济研究，2017，34（7）：35-56.

究对象构建了区域发展非平衡的理论框架，并据此测算了要素重置对区域发展非平衡的贡献度；陈诗一和陈登科（2018）[①] 则直接选取劳动生产率作为衡量地区高质量发展的指标。可以看出，现有研究均较少对区域非平衡发展做出界定，而是直接通过选取相关变量对其进行指代。本书在文中多处提及区域非平衡发展，指的是地区经济发展的非平衡，与现有文献一致，在论证中也多通过人均产值来进行说明。

第二节　区域发展战略影响区域经济增长的理论基础

一、新结构经济学的相关研究成果

与西方经济学以发达国家为模板来刻画发展中国家未来的发展趋势不同，新结构经济学以发展中国家的资源禀赋为内生条件来阐释经济体的运作方式、内在结构及结构演变，并在要素禀赋动态变迁的基础上，探讨经济运行与本体前沿面的关系，可以说新结构经济学是林毅夫在西方经济学基础上的理论自主创新，赵秋运和王勇（2018）[②] 对新结构经济学的创立及发展进行了详细的论述。新结构经济学是以国际贸易和比较优势学说为基础，因此本书首先对该方面的理论做简要阐述。

较为典型的传统的国际贸易理论有古典学派的绝对优势理论、比较优势理论以及新古典学派的要素禀赋论等。绝对优势理论是由亚当·斯密（Adam Smith）提出，他认为不同经济体之间具有生产成本和生产率上的绝对差异，从而经济体之间的贸易则应以生产具有绝对优势的产品去交换具有绝对劣势的产品。然而，绝对优势理论对于一国具有完全优势或完全劣势的情况并未给出贸易准则，针对绝对优势理论的缺陷，大卫·李嘉图（David Ricardo）在其代表性著作《政治经济学及赋税原理》中阐述了比较优势理论，即生产与他国生产率差距较小的产品并与他国进行贸易从而获取比较利益的贸易方式。埃利·赫克歇尔（Eil F Heckscher）和伯尔蒂尔·俄林（Beltil G Ohlin）分别提出和论证了要素禀赋学说，他们认为经济体之间的贸易取决于不同经济体间

---

① 陈诗一，陈登科. 雾霾污染、政府治理与经济高质量发展 [J]. 经济研究，2018，53（2）：20-34.

② 赵秋运，王勇. 新结构经济学的理论溯源与进展——庆祝林毅夫教授回国从教 30 周年 [J]. 财经研究，2018，44（9）：4-40

要素禀赋的差异以及生产产品的密集度，显然，若本国生产的产品能充分利用本国丰裕的资源，换取的产品也可以替代本国使用的稀缺资源，则贸易对双方均有益。保罗·萨缪尔森（Palua A Samuelson）进一步对要素禀赋理论进行论证和扩展，他认为按照要素禀赋理论进行国际贸易会导致两个经济体产品的相对价格和要素收入分配发生变化。以上学说在对国际贸易解释的同时也存在诸多局限性，主要表现在：一是完全竞争市场的假定，二是仅考虑生产率与要素禀赋的局限性，并留下里昂惕夫的质疑，即里昂惕夫悖论，以上局限性催生了一些新的学说对国际贸易进行阐释。林毅夫则基于动态比较优势创立了新结构经济学。

首先，对于资源禀赋，新结构经济学认为在自然资源、劳动力和资本中，自然资源一般是固定不变的，劳动力的增速在不同经济体间也差异不大，因此决定资源禀赋是否丰裕就取决于资本，从而经济发展就是依托资源禀赋形成比较优势产业加速资本积累，推动产业结构优化升级。其次，新结构经济学包括制度、政府和市场三个研究主体，其试图探索基于要素禀赋的制度软环境来推动有为政府和效率市场的有机结合。新结构经济学把发展战略分为比较优势战略和赶超战略，前者遵循比较优势，依托要素禀赋结构顺势而为推动产业结构转型，赶超战略则违背比较优势选取资本密集型产业推动经济发展，然而赶超战略不能使企业拥有自生能力导致其不具有可持续性，新结构经济学则把产业结构和技术结构作为经济发展的根本原因，因此，赶超战略不利于经济的长期发展。最后，地区的产业结构内生于要素禀赋，应选择体现地区比较优势的发展战略，依托产业结构升级和技术进步推动要素禀赋的动态变迁。相反，赶超战略则扭曲了要素价格体系，导致形成畸形的经济结构，降低了比较优势产业的资本密集度，因此，多数实行赶超战略的地区或国家均不同程度地出现了衰退甚至是国民经济体系的崩塌。

新结构经济学对本书具有较强的借鉴意义。按照新结构经济学观点，产业结构内生于地区要素禀赋，但是产业政策作为地方政府干预经济的主要手段之一，对地区经济结构甚至经济发展具有较大影响。同时，政府产业政策具有一定的主观性，在一定时期内是政府战略意图的具体体现。因此，新结构经济学提倡"有为政府"。对此，田国强提出"有限政府"的理论（田国强，2016）[①]，指出政府应在市场不起作用的领域发挥作用。事实上，在传统的政府内部弱激励、地方政府偏向追逐经济目标的激励约束下，地方政府官员由于

---

① 田国强. 再论有限政府和有为政府 [N]. 第一财经日报, 2016-11-08 (A11).

任期较短，在任期间多会扶持短期收益较高的项目，导致一些地区经济结构发生扭曲。因此，分析区域战略对地区经济发展的影响具有重要意义，不仅可以甄别已有政策的实施绩效和适用性，也可以启示地区经济在未来的发展路线和增长方式。

二、空间政治经济学的相关研究成果

我们通常较为关注政治经济学在时间概念上的相关理论，如马克思对人类社会不同阶段社会形态的划分、对"两个必然"的刻画等。然而，空间的概念在政治经济学中也占有重要地位，如地租理论、垄断资本主义理论等均是基于一定的空间提出的。空间政治经济学在有关城市经济体系以及区域非平衡等领域的相关理论方面仍体现出独到的见解，对我国区域协调发展及经济地理的重塑具有借鉴意义。空间政治经济学的代表人物包括列斐伏尔（Henri Lefebvre）、卡斯特尔（Manuel Castells）、哈维（David Harvey）以及曼德尔（Mandel）等，他们主要阐述了资本主义的世界空间体系、城市空间及形成的权力束和关系网、空间资本、空间经济的不平衡等。本书着重关注空间政治经济学对地理不平衡等问题的探讨。

空间政治经济学的观点多受到西方马克思主义和结构主义学派的影响，如列斐伏尔（Henri Lefebvre）和卡斯特尔（Manuel Castells）的理论分别受存在主义学派和结构主义学派的影响，哈维（David Harvey）则综合了二者的理论，并受阿尔都塞结构主义的启发。列斐伏尔开创了从时间分析向空间转变的先河，他的理论核心是"空间的生产"，与物质和意识的二元论不同，列斐伏尔提出了"空间三元辩证法"，即从物质空间、精神空间和社会空间三个视角分析的三元辩证法，空间的实践、空间的表征和再现性空间成为"空间三元辩证法"的核心内涵（赵海月和赫曦滢，2012）[①]。卡斯特尔力图阐释资本主义城市化的进程，他认为城市空间是社会结构的表现（周立斌和杨林，2014）[②]，因此，城市的空间结构受到经济、政治、意识等的系统影响，并指明了资本主义城市"集体消费"的危机。哈维则主张回归马克思主义政治经济学，他以资本为核心，认为国家垄断资本主义的资本积累主要是在城市进行，并以产业、基础设施、国民教育等领域的资本积累形成了资本积累的"三循环"。

[①] 赵海月，赫曦滢. 列斐伏尔"空间三元辩证法"的辨识与建构 [J]. 吉林大学社会科学学报，2012, 52 (2)：22-27.

[②] 周立斌，杨林. 空间政治经济学对我国城市发展的启示 [J]. 学术交流，2014 (4)：107-111.

陆铭（2017）① 在《经济学（季刊）》上发表的论文对空间经济学的研究内容及未来的探讨方向做出了说明，该文虽然没有对空间政治经济学的发展脉络进行梳理，但是也整体体现出了空间政治经济学对城市正义以及地理不平衡的探讨，他着重分析了空间上的"政治经济学"因素导致的市场分割、资源误置、可持续发展受损等的现实问题。这一领域的研究也成为时下学者关注的焦点。

空间政治经济学对本书研究的展开具有较大的启示意义。一方面，本书认为在没有政府干预的经济中，市场会引导要素流向生产率较高的地区和行业，体现市场机制下的集聚功能和追逐生产率的原则；另一方面，政府的干预对地区经济发展注入"政治经济学"因素，导致地区要素流动不仅受市场的影响，也会在政府的管控下出现要素流动瓶颈，引致生产要素在地区间、行业间以及行业内部的供需错配。不仅如此，政府的管控主观地调节了地区生产要素的稀缺状况，导致地区要素技术进步偏向出现"逆市场"现象，并表现出地区特色，进而导致市场调节机制的"失真"。从空间层面探讨区域战略对地区经济发展的影响也成为本书研究的重点内容。

三、新制度经济学的相关研究成果

新古典经济学和后凯恩斯主流经济学面对日益频繁爆发的资本主义生产过剩危机和经济"滞胀"局面束手无策，同时一些新兴经济体通过制度改革却取得了较大的发展，这使得人们开始考虑到新古典经济学并没有将改革的根本因素——制度考虑在内，同时社会各界对现有制度进行革新的呼声也日益高涨。新制度经济学以制度分析为本，其被人们较为熟知的理论是将交易成本纳入新古典经济学模型，科斯认为产权明晰和交易成本为零是资源配置实现帕累托最优的两个前提条件，然而制度的完善并不是一蹴而就的，制度的变迁体现了经济基础对上层建筑的决定作用，从而新制度经济学通常以产权理论和制度变迁理论为基本内容。其中，产权理论在新制度经济学中占据十分重要的地位，其也是马克思主义政治经济学的主要内容和重要工具，但是本书着重关注的是新制度经济学中的制度变迁理论。

制度变迁理论在诸多学派中也有相关的理论，如制度学派的制度演化思想、马克思的制度变迁理论，本书在此只对新制度经济学的制度变迁理论进行

---

① 陆铭. 城市、区域和国家发展——空间政治经济学的现在与未来 [J]. 经济学（季刊），2017，16（3）：1499–1532.

论述，并以诺斯（North）、舒尔茨（Schultz）及拉坦（Rutton）等代表性新制度经济学家为主线。

新古典经济学家通过把劳动力、资本等生产要素纳入函数分析经济增长路径，而将制度看成是外生的或既定的。诺斯对这一观点提出质疑，他认为在市场外部环境转好的情况下，是制度的变迁降低了交易成本从而促进了经济发展。诺斯指出欧洲产业革命以来所取得的技术进步、经济发展根源在于私有制的建立，他将这一结论归结为：第一，制度的确立可以通过明晰产权降低交易成本；第二，制度的确立可以对个人和经济组织产生激励机制，而有效的经济组织是经济增长的关键；第三，相对价格和偏好是制度变迁的主要原因，因此制度的确立往往具有自身的一般规律，行为人会根据既定制度下要素的相对价格衡量成本和收益，继而选择技术进步的方向等。诺斯对制度的变迁原理、依赖路径做出了分析，而没有涉及相关的定量研究。舒尔茨认为大量的制度均可以作为变量纳入方程，并提出制度供给、制度需求以及制度均衡等概念。舒尔茨在制度均衡的分析中则提出制度供给的均衡方法，将制度供给看成是处于动态中的服务供给者，从而若制度提供的服务与现实中其他服务所获利润等额时，制度供给与制度需求则处于均衡状态。然而，制度变迁导致的要素相对价格的变动会使制度供给经常处在非均衡状态。此外，舒尔茨作为人力资本理论的开创者，还探讨了人力资本等的提高与制度供给的关系。拉坦继承了舒尔茨的观点，并提出了"诱致性制度变迁理论"，他指出由于人力资本价值等的变动，制度需求和制度供给的不平衡会导致个人或组织主动对制度进行革新从而形成新的制度。林毅夫在此基础上提出了政府进行制度供给的"强制性制度变迁"。

可以看出，制度的变迁应该体现要素的相对价格，对于宏观战略而言，其多为"强制性制度变迁"，因此，发展战略能否体现要素的稀缺程度也表现出其对要素价格甚至经济的扭曲程度。

第三节　区域发展战略影响区域经济增长的理论分析框架

本部分通过构建理论模型阐释发展战略对地区经济发展的影响。借鉴 Eaton and Grossman（1998）① 的模型设计，假定存在地区 1 和地区 2 两个区

---

① EATON J, GROSSMAN G M. Optimal trade and industrial policy under oligopoly [J]. The quarterly journal of economics, 1986, 101 (2)：383-406.

域，政府作为非生产单位，对两个地区进行征税作为政府收入；假定政府在某一时期（T）之后开始扶持地区2加速发展，则会对地区2进行政策性减税支持；为了便于分析，本书假定地区2在T时期后不存在税赋，对地区1的税率占其产出的比率为t，即征收营业税t。另外，本书还假定两个地区生产同质产品，且产品之间具有一定的替代性，令价格标准化为"1"。这样一来，本书可以得到如下结论：第一，地区1和地区2的收益函数f^1和f^2均是两个地区产出$y_{1,t}$和$y_{2,t}$的函数；第二，考虑两个地区的市场需求总量在短期内是相对稳定的，则两个地区产品数量的变动对另一地区收益函数的影响是反向的，即$\frac{\partial f^1}{\partial y_{2,t}} < 0$，$\frac{\partial f^2}{\partial y_{1,t}} < 0$。在此基础上，本书设定两个地区的生产成本为$C_1(y_{1,t})$和$C_2(y_{2,t})$，从而两个地区在T时期前的利润函数为：

$$\pi_1 = f^1(y_{1,t}, \ y_{2,t}) - C_1(y_{1,t}) \tag{2-1}$$

$$\pi_2 = f^2(y_{1,t}, \ y_{2,t}) - C_2(y_{2,t}) \tag{2-2}$$

在T时点后，地区1和地区2的利润函数则由于征税（从量税t）调整为：

$$\pi_1 = (1 - t) \cdot f^1(y_{1,t}, \ y_{2,t}) - C_1(y_{1,t}) \tag{2-3}$$

$$\pi_2 = f^2(y_{1,t}, \ y_{2,t}) - C_2(y_{2,t}) \tag{2-4}$$

进一步求解公式（2-3）、公式（2-4）的纳什均衡条件，可以得到：

$$\frac{\partial \pi_1}{\partial y_{1,t}} = (1 - t) \cdot \left(f_1^1 + f_2^1 \frac{\mathrm{d}\, y_{2,t}}{\mathrm{d}\, y_{1,t}} \right) - C_1' = 0 \tag{2-5}$$

$$\frac{\partial \pi_2}{\partial y_{2,t}} = \left(f_1^2 \frac{\mathrm{d}\, y_{1,t}}{\mathrm{d}\, y_{2,t}} + f_2^2 \right) - C_2' = 0 \tag{2-6}$$

结合纳什均衡条件，$\frac{\mathrm{d}\, y_{1,t}}{\mathrm{d}\, y_{2,t}}$与$\frac{\mathrm{d}\, y_{2,t}}{\mathrm{d}\, y_{1,t}}$可以看成是某个地区对另一区域产品数量变化的响应系数，分别记作Ω_1和Ω_2，则上述两式可以进一步写成：

$$\frac{\partial \pi_1}{\partial y_{1,t}} = (1 - t) \cdot [f_1^1 + \Omega_1 \cdot f_2^1] - C_1' = 0 \tag{2-7}$$

$$\frac{\partial \pi_2}{\partial y_{2,t}} = (\Omega_2 \cdot f_1^2 + f_2^2) - C_2' = 0 \tag{2-8}$$

本书仍然关心的是征税后的社会总福利函数。政府税收作为社会总福利的一部分并不会影响征税后社会总的福利函数，因此社会总的福利函数仍为：

$$\pi = \pi_1 + \pi_2 = f^1(y_{1,t}, \ y_{2,t}) + f^2(y_{1,t}, \ y_{2,t}) - C_1(y_{1,t}) - C_2(y_{2,t}) \tag{2-9}$$

此时，通过求福利函数对税率的最大化一阶条件，以反映税率对社会福利水平的影响程度，可以得到公式（2-10）：

$$\frac{\partial \pi}{\partial t} = (f_1^1 + f_1^2 - C_1') \frac{\mathrm{d} y_{1,t}}{\mathrm{d}t} + (f_2^1 + f_2^2 - C_2') \frac{\mathrm{d} y_{2,t}}{\mathrm{d}t} = 0 \qquad (2\text{-}10)$$

通过公式（2-7）和公式（2-8），可以求出 f_1^1 和 f_2^2 的表达式并将其代入公式（2-10），可以求得：

$$\left[\frac{C_1'}{1-t} - \Omega_1 \cdot f_2^1 + f_1^2 - C_1' \right] \frac{\mathrm{d} y_{1,t}}{\mathrm{d}t} + \left[f_2^1 + \frac{C_2' - f_1^2}{\Omega_2} - C_2' \right] \frac{\mathrm{d} y_{2,t}}{\mathrm{d}t} = 0$$

$$(2\text{-}11)$$

为了便于计算，本书进一步假定税率变动对地区 1 和地区 2 的影响分别为 g_1 和 g_2，令：

$$\frac{\mathrm{d} y_{2,t}}{\mathrm{d}t} \Big/ \frac{\mathrm{d} y_{1,t}}{\mathrm{d}t} = \frac{g_2}{g_1} = g \qquad (2\text{-}12)$$

进一步地，可以对公式（2-11）进行拓展，可以得到下式：

$$\left[\left(\frac{t}{1-t} \right) C_1' - \frac{g(\Omega_2 - 1)}{\Omega_2} C_2' \right] = - \left[f_2^1(g - \Omega_1) + f_1^2 \left(1 - \frac{g}{\Omega_2} \right) \right] \quad (2\text{-}13)$$

对上式各项的符号进行说明。首先考虑 g_1，由于政府征收从量税，则政府对每单位商品征收的税率越高，则该地区将减少该产品的生产，特别地，若政府对每单位商品完全征税，即 $t = 1$，此时该地区生产产品的数量为 0，因此，在特定的产量之后，$g_1 < 0$，从而 $g < 0$。加之，f_2^1，$f_1^2 < 0$，C_1'，$C_2' > 0$，因此，等式左边大于 0。等式右边，考虑两种情况，$f_2^1(g - \Omega_1)$ 为正或为负，此时要使等式两边同号，需要 $1 - \frac{g}{\Omega_2} < 0$，这样一来，可以得到 $|g| > |\Omega_2|$。

对于这一结果的稳健性考量，本书认为政府对地区 1 征税的目的是要推动地区 2 产量的增长，这就需要 g 达到一定的合理区间，以使得税收在减少地区 1 产量的同时增加地区 2 的产量，且这一产量超过通常反应系数（Ω_2）所增加的产量。相反，这也印证了政府政策的施行会给政策惠泽区域带来较大利好，而其他区域却也可能因为相对高出的赋税出现利益损耗而减少产量。同理，还可以得出，政府的政策扶持或政策挤压，从根本上来说是一种价格扭曲的机制，两个地区产品价格在政府差异化地租的施加下会导致要素相对价格或要素收入分配格局发生改变，导致要素价格不能准确反映要素的稀缺状态，从而资源错配可能成为经济发展的常态。

进一步地，本书以该部分的结论为基本框架考察发展战略对地区非均衡以及中部崛起的影响。从整体上而言，本书将资源配置和提质增效作为发展战略对地区经济增长影响的内在作用机制。

第四节　本章小结

本章首先对一些关键名词或容易混淆的概念进行了界定，在此基础上，回顾了新结构经济学、新制度经济学、空间政治经济学的相关研究成果；其次构建了一个简单的理论模型，阐明本书研究和论证的基本内容。新结构经济学与新制度经济学具有相通之处，尤其是与新制度经济学的制度变迁理论，新制度经济学认为决定制度供给变迁的根本原因是要素的相对价格，要素相对价格的变动也会诱发行为人对制度进行主动的变革，即"诱致性制度变迁理论"。新结构经济学则区分了制度变迁的动力机制，提出"强制性制度变迁"，并进一步划分为比较优势战略和赶超战略，比较优势可以体现要素禀赋，而赶超战略则有悖于地区要素禀赋结构，导致发展不可持续。空间政治经济学也将"政治经济学"因素作为资源配置扭曲的诱因，并在此基础上开展区域经济学研究。

以上三个理论较能反映本书的研究理念，本书认为在我国的发展背景下，政府发展战略的作用直接表现在区域经济地理格局的重塑以及短期目标（即发展战略着力点和战略目标）的实现，从长期来看则主要表现为地理不平衡的加剧或缓和。本书设定了"一个政府、两个区域"的模型进行理论验证，结果表明，特定区域的优惠政策给政策惠泽区域带来较大利好，但也有导致"以邻为壑"的可能。其主要表现在：一是其他区域可能因为相对高出的赋税出现利益损耗而减少产量；二是发展战略使得两个地区的要素相对价格发生改变，进而导致产生要素价格扭曲和效率损失。因此，政府政策的制定应反映不同区域不同时间区间上要素禀赋的异质性特点，从而空间层面的地理重构、时间层面的发展动态以及要素分配上的重置成为区域发展战略影响地区经济增长的逻辑要点，这是本书分析的重点所在。

第三章　非平衡治理：重大区域战略对地区差异的影响

　　我国历来重视区域协调发展，但是考虑到不同区域禀赋优势的异质性，我国在推动地区发展上主要推行的是从"非均衡发展"到"均衡发展"的区域发展战略，冀以通过改变一些区域的政策比较优势来盘活地区要素禀赋，实现要素禀赋的动态跃迁。改革开放 40 多年以来，我国的发展战略主要遵循着"点—线—面"的发展路径，形成了"点轴式"到"网状式"的发展格局，推动了区域间以"省"为主到以"板块"为主再到以系列"工程"为主的发展模式。党的十九大以来，区域协调发展的理念得到进一步的强化和重申，新型城乡关系构建的任务也日益迫切，在资源环境约束趋紧和绿色发展要求呼声日益高涨的形势下，传统的经济增长路径的可依赖区间收窄，如何在推动区域协调发展的同时推动地区经济高质量发展和实现产业高级化，也是新时代推动突出的战略任务。

第一节　重大战略联动：非平衡发展到平衡发展

　　改革开放 40 余年的历程，也是我国区域政策不断演化和创新的 40 余年。40 余年来，我国经济发展取得的显著成绩不乏区域发展战略的贡献。按照我国区域发展的不同阶段，并结合已有文献对我国区域发展战略的梳理（崔万田和徐艳，2018），本书将我国区域发展战略整体概括为两个阶段：东部地区的尝试（1978—1991 年）：点轴到线面；区域战略的推广与延续（1992 年至今）：四大板块—三大工程—新时代区域战略。

一、东部地区的尝试

这一阶段（1978—1991 年），东部地区的发展可以概括为从点轴到线面的发展模式。东部地区率先发展发端于 1980—1981 年深圳、珠海、汕头、厦门四大经济特区的设立，随着四大经济特区的快速发展，我国进一步将"出口特区"推广，分别于 1984 年开放 14 个沿海城市、1985 年开放长三角、珠三角和厦漳泉 3 个经济开放区、1987 年开放山东半岛和辽东半岛 2 个经济开放区，1991 年我国进一步开放东北地区 4 个口岸。Ohlin（俄林）在其代表作 *Interregional Trade and International Trade* 中直接将国际贸易理论看作是国际区位理论，从而东部地区率先发展也可视作是我国对区域经济关系的一种新认识和新尝试。

二、区域战略的推广与延续

这一阶段（1992 年至今），我国区域协调发展的呼声日渐高涨，整体上可以概括为四大板块—三大工程—新时代区域协调的发展战略。随着东部地区的快速发展，我国地区间收入差距逐渐拉大，"先富帮后富"的任务日益严峻。1992 年以来，我国区域政策重心有所调整，在这一年实施了沿边开放政策，这一政策的开放力度在 2015 年进一步扩大，开放区域由 1992 年的 14 个城市增扩为 5 个重点开发开放试验区、72 个沿边国家级口岸、28 个边境城市、17 个边境经济合作区和 1 个跨境经济合作区，这一战略有力地推动了我国与毗邻国家的边境贸易发展。2000 年，国务院成立西部地区开发领导小组，深入推进西部大开发战略。2002 年，党的十六大明确指出支持东北老工业基地振兴并于 2004 年启动"东北振兴"战略。2004 年开始，面对"中部塌陷"的事实，国家开始推出系列文件助力中部地区崛起。之后，党的十七大提出建设生态文明发展战略，我国在经济发展的同时更加注重经济发展与环境保护的协同，并于 2010 年之后陆续出台和完善了主体功能区等战略，以推动优先发展区和重点发展区加速发展，并对限制开发区和禁止开发区实行以保护环境为主的经济配套政策。2014 年中央经济工作会议明确提出重点实施"一带一路"、京津冀协同发展、长江经济带三大战略，强调要加速长江经济带和"一带一路"倡议融合发展，深入推进京津冀协同发展，着力优化经济发展空间格局。

2014 年之后，随着我国经济进入新常态，如何以内需作为动力，实现经济的接续发展成为我国区域协调发展的首要任务。中部地区是实现区域平衡增长的关键区，2016 年我国发布了《促进中部崛起"十三五"规划》，将中部地区的发展定位由"三基地、一枢纽"提升为"一中心、四区"。党的十九大强调实施区域协调发展战略,创新性地提出实施乡村振兴战略和构建新型城乡关系、推动形成以城市群为主体构建大中小城市和小城镇协调发展的城镇格局,并着力在"十三五"期间打造 19 个城市群和 2 个都市圈。2018 年 9 月,习近平总书记对东北地区的发展表示关切,并对东北地区的振兴做出部署。面对百年未有之大变局,习近平总书记把握中国发展大计,进一步部署推动构建"优势互补、高质量发展的区域经济布局"。可以看出,地区间平衡发展将是我国未来较长时期内发展战略的主要取向。

第二节　地区非平衡发展统计与描述

区域非平衡指数在一定程度上可以反映地区经济在空间上的集聚或离散状况,接下来本书通过区域非平衡的相关指标对我国地区发展状况进行刻画。如果空间集聚较之空间离散显著,则不平衡指数上升,反之则下降。测量地区发展非平衡的指标较多,如基尼系数和泰尔指数、收敛指数等。本章从静态和动态两个视角审视我国的区域发展非平衡状况。在静态方面,考虑到泰尔指数不仅可以测度整体差异程度,还可以将整体差异拆分为地区间和地区内部的地区差异,也被我国学者在地区差异的测度中广泛采用(万广华,2013;刘华军等,2018)[1][2],本章对地区差异的测度也选取该指标,该指标数值越大说明地区差异越大,反之则相反。以下给出地区差异的测度公式,首先总体差异的测算公式为:

$$
\begin{aligned}
\text{Theil} = \text{Theil}_w + \text{Theil}_b &= \sum_{p=1}^{4} \left(\frac{n_p}{30} \times \frac{\overline{s_p}}{\overline{s}} \times \text{Theil}_p \right) + \sum_{p=1}^{4} \left(\frac{n_p}{30} \times \frac{\overline{s_p}}{\overline{s}} \times \ln \frac{\overline{s_p}}{\overline{s}} \right) \\
&= \frac{1}{30} \sum_{i=1}^{30} \left(\frac{s_i}{\overline{s}} \times \ln \frac{s_i}{\overline{s}} \right) \quad\quad (3-1)
\end{aligned}
$$

其中,

$$
\text{Theil}_p = \frac{1}{n} \sum_{p=1}^{n_r} \left(\frac{s_{pi}}{s_p} \times \ln \frac{s_{pi}}{s_p} \right) \quad\quad (3-2)
$$

在上述两式中,Theil_w 和 Theil_b 分别表示地区内部和地区间的泰尔指数。本

①　万广华. 城镇化与不均等:分析方法和中国案例 [J]. 经济研究,2013,48 (5):73-86.
②　刘华军,李超,彭莹. 中国绿色全要素生产率的地区差距及区域协同提升研究 [J]. 中国人口科学,2018 (4):30-41,126.

书将地区分为 4 个板块，分别为东部、中部、西部和东北地区，i 和 n_p 分别表示全国层面研究区域的单元数以及分版块的研究对象个数，基于数据完整性和主体功能区属性的考虑，由于西藏自治区没有相应的价格指数且大多区域为禁止开发区，从而本书没有包含西藏自治区，因此总样本为 30 个。s 为本章所选地区差异的考察指标，$\overline{s_p}$ 和 $\overline{s}$ 分别表示 p 地区和全国层面考察指标的均值，s_i 和 s_{pi} 分别表示 i 地区和 p 板块 i 地区的考察值。此外，参照周小亮和吴武林（2018）[①] 对地区差异的衡量，本章将地区内部与地区之间的泰尔指数与总差异指数的比值作为地区差异的贡献率进行统计，即，$\dfrac{Theil_w}{Theil}$ 和 $\dfrac{Theil_b}{Theil}$ 分别表示地区内部差异和地区间差异对地区差异的贡献率，而 $\dfrac{s_p}{s} \times \dfrac{Theil_p}{Theil}$ 则可以进一步阐释不同板块对地区内差异的贡献率。

在动态方面，本章选取收敛指数对地区非平衡指数进行衡量，以展示研究期间内地区差异的演变趋势。收敛表示的是考察初期经济发达的地区增长速度相对放缓，而经济欠发达地区则增长较快，这种情况下，欠发达地区与发达地区间的经济产出则存在收敛的可能，或者说落后地区存在对发达地区赶超的可能。以下为本章给出的收敛指数、绝对收敛指数和条件收敛指数的计算公式：

$$\sigma_t = \sqrt{\frac{1}{n}\sum_{i=1}^{n}\left(\ln s_{it} - \frac{1}{n}\sum_{i=1}^{n}\ln s_{it}\right)^2} \qquad (3-3)$$

$$\frac{(\ln s_{it} - \ln s_{i0})}{t} = \alpha + \beta \ln s_{i0} + \varepsilon_{it} \qquad (3-4)$$

$$\frac{(\ln s_{it} - \ln s_{i0})}{t} = \alpha + \beta \ln s_{i0} + \lambda X_{it} + \varepsilon_{it} \qquad (3-5)$$

在上面的三个公式中，$\ln s_{it}$ 和 $\ln s_{i0}$ 分别为 i 地区 t 年和初始年份考察变量的自然对数值，则 $\dfrac{(\ln s_{it} - \ln s_{i0})}{t}$ 为考察期内的年均增长速度，β 为收敛系数，若 $\beta<0$，则表明经济产出初始值较高的地区增速较慢，而初始值较低的地区增长较快，符合收敛的含义，反之则表明区域经济存在离散趋势。此外，α 为截距项，ε_{it} 为随机扰动项，X_{it} 为控制变量。

一、泰尔指数测度结果及解构

本部分对泰尔指数进行测算，并选取省级和市级层面数据来对我国的地区

---

① 周小亮，吴武林. 中国包容性绿色增长的测度及分析 [J]. 数量经济技术经济研究，2018，35（8）：3-20.

差异进行测度，最后选取中部地区县级层面的数据对中部地区的差异情况作出进一步的阐释。

（一）省级层面

本部分旨在测度地区经济发展差距。从"量"和"质"的双重视角考量，笔者选取实际人均 GDP 作为衡量指标，但是由于历年《中国统计年鉴》中未报告省份的人均 GDP 平减指数，因此本章选取"0.55×居民消费价格指数＋0.45×固定资产投资价格指数"作为价格平减指数，并以 1999 年为基期，以 2000—2016 年为考察期，对泰尔指数进行估算，测度结果如表 3-1 所示，本章进一步将地区差异测度指数及其解构情况制成图，如图 3-1 所示。

结合表 3-1 和图 3-1 可以看出，考察期内，我国总体差异指数呈现倒"U"形结构，且在 2003 年达到最大值，相应的地区间和地区内差异指数也达到最大值，随后年份则趋于下降。此外，本章还测算了考察期内整体区域的基尼系数，结果也支持泰尔指数的测算结果。从对泰尔指数的解构结果来看，考察期内地区间差异对总体差异的贡献度远高于地区内部差异，然而随着时间的推移，地区内部差异整体表现出上升趋势，而地区间差异的贡献度则相反，呈现出下降趋势，地区内差异和地区间差异对总差异的贡献分别呈现出"U"形和倒"U"形。从整个考察时期来看，地区内部差异和地区间差异对总差异的贡献度分别上升和降低了 3.46 个百分点。分版块来看，东部地区差异指数贡献了绝大部分的地区内差异，西部地区其次，东北地区和中部地区对整体地区内差异指数的贡献率相对较低，然而东北地区在 2014 年后逐年下降，中部地区的地区内差异贡献率则从 2009 年后呈现上升趋势。东部地区对地区内差异的贡献度呈现下降趋势。

对于中部地区而言，整个考察期内中部地区差异指数均保持在低水平，一方面显示出中部地区整体差异较小的发展现状，另一方面也可以看出中部地区缺乏具有带头作用的增长区。遗憾的是，本部分选取的是以省份为考察单元，因而并不能揭示更为微观的发展差异，但是也可以窥见中部地区各省之间经济发展差异较小，且缺乏"增长极"作用省份的缺陷。与之相反，东部地区是我国区域内差异的重要贡献省份，较高的差异指数和不断变小的差异指数变动趋势，也显示出东部地区既有增长强劲的带动省份，也有落后省份赶超的"兼具效率和公平"的发展模式，浙江省率先推动高质量建设共同富裕示范区也体现了这一特征。

表 3-1　2000—2016 年省级层面的泰尔指数测度及解构

年份	总体基尼系数	总体泰尔指数	地区内差异及贡献率	地区间差异及贡献率	东部地区差异及贡献率	中部地区差异及贡献率	西部地区差异及贡献率	东北地区差异及贡献率
2000	0.313 8	0.176 2	0.066 5 (37.73%)	0.109 7 (62.27%)	0.105 5 (32.96%)	0.004 6 (0.33%)	0.027 9 (3.47%)	0.016 3 (0.97%)
2001	0.316 4	0.177 9	0.065 6 (36.90%)	0.112 3 (63.10%)	0.103 3 (32.15%)	0.004 4 (0.31%)	0.028 4 (3.48%)	0.016 6 (0.96%)
2002	0.318 7	0.179 7	0.065 1 (36.23%)	0.114 6 (63.77%)	0.101 5 (31.47%)	0.004 5 (0.31%)	0.029 3 (3.54%)	0.016 0 (0.90%)
2003	0.323 6	0.183 7	0.066 8 (36.36%)	0.116 9 (63.65%)	0.102 4 (31.26%)	0.006 3 (0.42%)	0.033 5 (3.96%)	0.013 3 (0.71%)
2004	0.319 9	0.180 3	0.067 1 (37.23%)	0.113 2 (62.77%)	0.102 8 (31.84%)	0.006 7 (0.47%)	0.036 0 (4.41%)	0.009 5 (0.50%)
2005	0.317 7	0.175 3	0.065 2 (37.21%)	0.110 0 (62.79%)	0.098 6 (31.22%)	0.006 6 (0.48%)	0.038 4 (4.86%)	0.012 1 (0.66%)
2006	0.311 0	0.166 6	0.062 1 (37.31%)	0.104 4 (62.69%)	0.092 4 (30.48%)	0.006 4 (0.49%)	0.041 9 (5.69%)	0.011 3 (0.65%)
2007	0.303 2	0.157 6	0.061 0 (38.70%)	0.096 6 (61.30%)	0.089 1 (30.60%)	0.007 7 (0.64%)	0.046 0 (6.76%)	0.011 5 (0.70%)
2008	0.290 6	0.142 0	0.057 8 (40.74)	0.084 1 (59.26)	0.079 8 (29.59%)	0.007 5 (0.70%)	0.055 7 (9.50%)	0.013 6 (0.95%)
2009	0.287 1	0.137 3	0.056 2 (40.91%)	0.081 1 (59.05%)	0.073 9 (28.10%)	0.005 2 (0.51%)	0.062 1 (11.03%)	0.017 5 (1.27%)
2010	0.270 0	0.121 1	0.051 0 (42.13%)	0.070 1 (57.87%)	0.066 2 (27.76%)	0.004 5 (0.52%)	0.059 0 (12.29%)	0.018 7 (1.56%)
2011	0.256 2	0.108 0	0.047 4 (43.90%)	0.060 6 (56.11%)	0.059 8 (27.40%)	0.004 4 (0.58%)	0.058 7 (14.19%)	0.018 1 (1.73%)
2012	0.248 0	0.100 6	0.044 8 (44.51%)	0.055 8 (55.49%)	0.056 7 (27.48%)	0.004 5 (0.64%)	0.054 3 (14.35%)	0.019 6 (2.04%)
2013	0.243 0	0.096 6	0.042 5 (44.00%)	0.054 1 (56.00%)	0.054 9 (27.56%)	0.004 7 (0.69%)	0.048 0 (13.34%)	0.022 4 (2.41%)
2014	0.240 7	0.094 7	0.041 9 (44.18%)	0.052 9 (55.81%)	0.054 4 (27.81%)	0.006 0 (0.90%)	0.045 4 (12.96%)	0.023 2 (2.51%)
2015	0.243 7	0.097 3	0.042 1 (43.25%)	0.055 2 (56.75%)	0.055 8 (28.03%)	0.007 3 (1.08%)	0.042 9 (11.82%)	0.022 9 (2.32%)
2016	0.247 6	0.101 8	0.041 9 (41.19%)	0.059 8 (58.81%)	0.058 2 (28.58%)	0.009 0 (1.28%)	0.040 1 (10.58%)	0.008 8 (0.75%)

注：表中数据为本书测算结果。

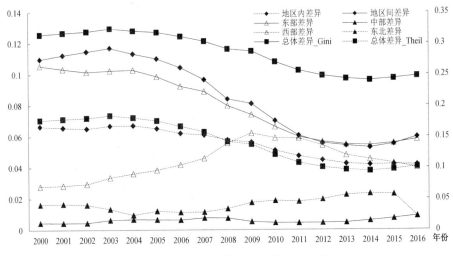

图 3-1 地区差异指数及解构（2000—2016）

（二）市级层面

第一部分的分析考察尺度过于宽泛，导致分析结果并不能揭示更微观层面的发展差异。中部地区考察期内的发展指数较低，虽然各省之间的发展差异较小，但是省份内部的发展差异仍然较大，如武汉市的经济产值则占到湖北省的逾 1/3，因此进一步以市域为单位进行差异指数的测算更具较大意义。值得注意的是，市域单位的统计受城市统计年鉴的约束，一些省份并没有完整地统计下辖市区，尤其是如新疆维吾尔自治区仅统计了乌鲁木齐和克拉玛依两市。因此，市域的统计并不能完整地展示省内的发展差异，要体现省域的发展差异则需要将诸如此类的省份剔除，所以市级层面的统计仍以四大板块为主。

市域数据的选取与省域数据相比，由于统计质量上的差异导致数据的选取有一定的困难，本部分市域数据的选取以 2005—2015 年为考察时段，相关数据源自《中国城市统计年鉴（2006—2016）》《中国区域统计年鉴》及 EPS 统计平台等。其中，一些城市的数据难免存在瑕疵，本书对数据做了如下处理：首先，以城市为考察对象，观察考察期内（2005—2015 年）城市排列序次有无出现偏差，并进行相应的校正；其次，以所选统计指标为准，依次对城市的指标数据进行审查，剔除连续缺少两年以上数据的城市；最后，使用插值法对数据进行补缺。通过上述步骤，本书确定了 283 个样本，与全国 292 个（2014 年）地级以上城市数目相差了 9 个城市，原因如下：一是一些市级行政单位设立较晚，导致一些年份数据缺失，对一些城市缺失数据连续超过两年以上进行了剔除处理①，如铜仁市（贵州）、巢湖市（安徽）、三沙市（海南）、海东市（青海），而对如伊春市、七台河市 2009 年工资总额短缺则以线性插值法进行了补充；二是数据遗漏较多，使用插值法可能引致较大统计误差，如拉萨市、梧州市、防城港市、毕节市等；三是数据统计明显出错，如果出错年份连续超过两年，就对其进行剔除处理，若少于两年，则按照线性插值法进行数值的纠错。通过搜集数据，本书得到了以城市数据为基础的泰尔指数及相应的结构分解情况，具体如表 3-2 所示。

表 3-2 2005—2015 年市级层面的泰尔指数测度及解构

年份	总体基尼系数	总体泰尔指数	地区内差异及贡献率	地区间差异及贡献率	东部地区差异及贡献率	中部地区差异及贡献率	西部地区差异及贡献率	东北地区差异及贡献率
2005	0.378 6	0.247 0	0.196 6 (79.60%)	0.050 4 (20.40%)	0.186 7 (33.64%)	0.105 9 (8.88%)	0.310 5 (28.55%)	0.174 3 (8.51%)
2006	0.379 0	0.245 7	0.195 8 (79.69%)	0.049 9 (20.31%)	0.185 8 (33.62%)	0.112 5 (9.42%)	0.304 6 (28.49%)	0.167 1 (8.15%)
2007	0.371 2	0.233 2	0.188 8 (80.96%)	0.044 5 (19.08%)	0.179 7 (33.61%)	0.113 1 (10.19%)	0.290 2 (29.06%)	0.156 8 (8.08%)
2008	0.363 5	0.221 7	0.182 6 (82.36%)	0.039 1 (17.64%)	0.172 0 (33.05%)	0.116 2 (11.32%)	0.279 9 (29.53%)	0.151 3 (8.47%)
2009	0.357 3	0.214 8	0.180 7 (84.12%)	0.034 2 (15.92%)	0.165 4 (32.19%)	0.117 4 (11.96%)	0.290 3 (32.46%)	0.131 3 (7.51%)
2010	0.339 3	0.191 9	0.165 9 (86.45%)	0.026 0 (13.55%)	0.132 7 (27.66%)	0.116 5 (13.58%)	0.282 8 (36.66%)	0.128 6 (8.55%)
2011	0.318 5	0.167 1	0.145 2 (86.89%)	0.021 9 (13.11%)	0.116 4 (27.07%)	0.100 4 (13.65%)	0.238 3 (35.93%)	0.129 2 (10.23%)
2012	0.314 0	0.162 1	0.142 7 (88.03%)	0.019 3 (11.91%)	0.117 3 (27.67%)	0.099 9 (14.03%)	0.228 5 (36.31%)	0.122 9 (10.04%)
2013	0.307 8	0.155 3	0.136 4 (87.83%)	0.018 8 (12.11%)	0.114 5 (28.37%)	0.097 4 (14.42%)	0.210 1 (35.03%)	0.123 6 (10.05%)
2014	0.303 9	0.150 0	0.132 1 (87.54%)	0.018 7 (12.39%)	0.112 6 (28.88%)	0.096 5 (14.84%)	0.195 6 (33.72%)	0.126 8 (10.15%)
2015	0.298 3	0.144 7	0.123 0 (85.00%)	0.021 8 (15.07%)	0.111 1 (30.44%)	0.092 0 (14.73%)	0.175 1 (31.11%)	0.109 6 (8.69%)

注：表中数据为本书测算结果。

① 此处，巢湖市与三沙市分别由于"三分巢湖"与设立较晚，数据缺失。

从表 3-2 中可以看出，与以省份数据为基准测算的泰尔指数的变动趋势相似，虽然在市域数据基础上测度的泰尔指数较大，但演变趋势整体呈现下降趋势。然而，与表 3-1 不同的是，总体差异中主要是由区内差异所导致，且在考察期内对总差异的贡献率呈现上升趋势。分区域来看，在对区域内差异的贡献中，东部地区和西部地区的贡献最高，表明东部地区和西部地区城市之间的发展差异更为突出，中部地区城市之间的发展差异对总差异的贡献较东北地区更大。从泰尔指数的绝对值来考虑，考察期内四个板块的发展差异指数均呈现一定的下降趋势，且以西部地区最为显著，表明一些相对落后城市开始崛起。然而，相比东部地区，中西部及东北地区城市发展水平相对较低，发展差异的逐步缩小虽然有利于中小城市等的发展，但是却也反映出大城市发展受限等的发展现实。

就中部地区而言，中部地区泰尔指数处于四大板块最后一位，表明中部地区城市之间发展水平差异较小，规模相当的城市偏多，缺乏国际性的大都市等特征。同时，中部地区城市发展水平的泰尔指数在 2009 年后也呈现出下降的趋势，虽然降幅低于其他版块（这也导致这一时期中部地区差异的贡献率上升），但是仍然体现出城市之间发展水平的收敛趋势。

（三）中部地区县级层面的考察

本书更为关注中部地区的发展情况，因而本书从更为微观的视角审视中部地区县域的发展情况，一方面可以更加全面地考察中小城镇的发展情况，另一方面县级行政单位通常缺乏支柱性工业企业，县域经济的发展情况更加关乎社会民生，因此本书接着以县域为单位进行考察。与市级单位相比，县域单位既可以以县为考察区域来测度总体差异指数，也可以以市或省为考察区域来测度区域间或区域内差异指数。然而，与市级单位的数据搜集相比，县级单位的数据搜集则更为繁杂。本书手工统计县级单位数据的主要路径是：首先，依据《中国县域统计年鉴》和《中国区域经济统计年鉴》确定截面样本和考察时期，通过比对历年年鉴甄选经济变量，并对数据进行初步梳理。其次，参照省级统计年鉴以及县级统计公报对县域年鉴中的漏缺数据进行补缺。遗憾的是，依据省级年鉴填补数据仍存在四个方面的问题：第一，一般地，我国多数省级统计年鉴中均有单独的章节用以统计县域数据，然而，江西省在 2011 年后淡化了对县域发展情况的统计，仅报告了当年县域的生产总值，这给本书的统计工作带来了较大困难，本书依据《中国区域经济统计年鉴》进行补充并根据江西省截面的完整性统计整理了三套数据。此外，多数县市在公布 GDP 的同时也测算了本地区的人均 GDP，但是江西省在 2011 年后未对县域的人均 GDP

进行统计，本书采用 GDP 与人口数的比值进行填充。同样，本书在对其他经济变量的统计中也存在类似问题，故而在对县域数据的分析中选取了不同的考察时段，整体上以 2005—2014 年为考察时期，按照数据的完整性将考察时间调整为 2005—2010 年。第二，《中国县域统计年鉴》在个别样本的统计中存在与县级统计公报不一致的现象，如《中国县域统计年鉴》统计的 2015 年江西省南昌县的 GDP 相当于当年南昌县统计公报公布数据的 1.747 倍，对于此类问题，本书以统计公报公布的数据为准。第三，价格平减指数的测算也是本书在数据统计中需要着重思考的问题。然而，《中国县域统计年鉴》并未统计价格指数，多数省份在统计中也没有公布此项内容，因此，本书仍以省级价格指数进行数据的平减，并以 2004 年为基期。第四，统计样本的选择。囿于《中国县域统计年鉴》中存在的一些偏误，本书对样本进行了筛选，如 2006 年县域年鉴仅统计了山西省 84 个县，2011 年更少，仅为 68 个。此外，本书研究样本没有包括考察期内发生"县转区"且在转变年份出现统计数据大幅波动的样本以及湖北神农架林区。本书最终得到 498 个县级样本，样本具体分布为：山西省 97 个，安徽省 61 个，江西省 80 个，河南省 108 个，湖北省 64 个，湖南省 88 个。在得到考察样本的基础上，本书对泰尔指数进行测算，结果如表 3-3 所示。

与以省或市为基础测算的地区差异情况不同，县域经济发展水平差异整体呈现出上升的趋势。其中，地区内差异也占据着绝大比重，且表现出上升趋势，其中山西省的区域差异指数最高却也下降最快，河南省的县域差异指数仅次于山西省，但下降相对较慢。湖南、湖北和江西三省的差异指数在考察初期较为接近，对地区内差异的贡献度相对较低，但随着时间的推移，三省差异指数均有不同程度的上涨，以湖南和湖北的上升最为明显，对地区差异的贡献也随之上升，可以看出，湖北、湖南及安徽三省在考察期内一些县级行政单位可能出现发展水平的较快提升，拉大了与其他地区经济发展水平的差异。江西省差异指数变动幅度微小，说明地区之间发展速度相对没有出现波动。山西和河南两省的差异指数出现下滑，表明落后县在经济增长上表现出了赶超趋势，县域之间的经济有收敛之势。

表 3-3　2005—2014 年县级层面的中部地区泰尔指数测度及解构

年份	总体基尼系数	总体泰尔指数	地区内差异及贡献率	地区间差异及贡献率	山西省差异及贡献率	安徽省差异及贡献率	江西省差异及贡献率	河南省差异及贡献率	湖北省差异及贡献率	湖南省差异及贡献率
2005	0.286 7	0.139 0	0.121 1 (87.10%)	0.017 9 (12.90%)	0.185 4 (29.96%)	0.066 4 (4.51%)	0.062 8 (6.09%)	0.146 3 (29.02%)	0.082 5 (6.22%)	0.095 0 (11.31%)
2006	0.298 7	0.152 6	0.132 3 (86.71%)	0.020 3 (13.29%)	0.207 1 (30.66%)	0.075 7 (4.68%)	0.068 6 (6.00%)	0.160 0 (29.44%)	0.085 5 (5.76%)	0.095 4 (10.17%)
2007	0.303 5	0.156 1	0.131 0 (83.96%)	0.025 0 (16.04%)	0.190 6 (27.13%)	0.079 2 (4.69%)	0.080 7 (6.80%)	0.155 3 (29.24%)	0.092 9 (6.03%)	0.099 0 (10.07%)
2008	0.311 5	0.164 8	0.139 7 (84.74%)	0.025 2 (15.26%)	0.217 0 (28.52%)	0.091 3 (5.07%)	0.076 8 (6.07%)	0.159 6 (28.85%)	0.088 2 (5.76%)	0.110 6 (10.47%)
2009	0.305 1	0.157 4	0.139 7 (88.77%)	0.017 7 (11.24%)	0.210 3 (26.93%)	0.103 6 (6.30%)	0.079 1 (6.92%)	0.150 9 (27.80%)	0.093 7 (6.86%)	0.137 6 (13.95%)
2010	0.301 7	0.154 0	0.139 0 (90.31%)	0.014 9 (9.70%)	0.203 5 (27.52%)	0.114 0 (7.19%)	0.078 7 (6.99%)	0.145 6 (26.50%)	0.094 0 (7.17%)	0.143 4 (14.96%)
2011	0.311 4	0.163 5	0.148 3 (90.70%)	0.015 2 (9.30%)	0.209 4 (28.12%)	0.122 6 (7.24%)	0.075 1 (5.78%)	0.147 1 (24.26%)	0.136 3 (10.60%)	0.149 4 (14.69%)
2012	0.306 3	0.156 8	0.145 4 (92.72%)	0.011 4 (7.28%)	0.196 8 (26.67%)	0.129 7 (8.16%)	0.075 8 (6.28%)	0.139 4 (23.24%)	0.148 8 (12.78%)	0.150 2 (15.59%)
2013	0.298 1	0.147 5	0.137 7 (93.34%)	0.009 8 (6.66%)	0.177 6 (23.91%)	0.135 4 (9.18%)	0.072 3 (6.59%)	0.127 3 (22.47%)	0.147 0 (14.20%)	0.152 8 (17.00%)
2014	0.291 6	0.141 4	0.130 5 (92.29%)	0.010 9 (7.71%)	0.152 0 (19.47%)	0.140 0 (10.21%)	0.070 0 (6.68%)	0.118 3 (22.29%)	0.149 7 (15.47%)	0.152 4 (18.17%)

二、收敛指数测度结果及辨析

趋同指数按照 Barro and Sala-I-Martin（1991）[①] 的定义可以区分为 σ 趋同指数和 β 趋同指数，相对而言，前者从静态的角度以标准差的形式定义了不同区域之间经济发展水平的差异情况，后者则从动态的视角考察了经济发展初始水平不同的经济体在考察期内的经济增长情况。β 趋同指数又可以分为绝对 β 趋同和条件 β 趋同，前者并不考虑其他影响经济增长的因素，后者则是在控制了其他影响经济增长的因素的基础上的趋同。

（一）σ 趋同指数测算

按照公式（3-3），首先对 σ 趋同指数进行测算。与前文一致，本书同样选取三套数据对指数进行计算，并对板块内部或省份内部的趋同指数进了测度，最后对不同区域对总体差异指数的贡献度进行分解。

---

① BARRO R, SALA-I-MARTIN X. Convergence across states and regions [J]. Brookings papers on economic activity, 1991, 22 (1)：107-182.

表 3-4 至表 3-6 既可以完整地展示我国地区经济是否出现了趋同，也可以进一步佐证前文对地区差异的分析。从表 3-4 中可以看出，基于省级数据测算的 σ 趋同指数在考察期内趋于下降，表明整体上我国省份之间经济发展水平出现明显的收敛趋势。然而，不同板块表现出不同的趋同特征，东部地区的 σ 趋同指数虽然明显高于其他三个板块，但是在考察期内整体表现出缩小的趋势；中部地区的 σ 趋同指数波动较为明显，在考察期内呈现出 "W" 形的演进状态，与期初相比，中部地区期末的趋同指数较期初有明显的抬升；西部地区 σ 趋同指数的大小仅次于东部地区，在考察期内表现出倒 "U" 形；东北地区在 2007 年之前基本呈现下降趋势，但是 2008—2015 年出现了一定的上升，2016 年则又进一步降低。表 3-5 基于市域数据的测算结果表明，指数的测算结果整体上较以省为单位测算的 σ 趋同指数偏大，且西部地区的 σ 趋同指数较其他区域偏高，东部地区和东北地区的 σ 趋同指数均表现出下降趋势，中部地区和西部地区则表现出倒 "U" 形。在表 3-6 中，基于县域数据测算的中部地区 σ 趋同指数也呈现倒 "U" 形，分省来看，山西、江西、河南和湖北 σ 趋同指数的变动也具有倒 "U" 形特征，安徽和湖南的 σ 趋同指数则在考察期内整体表现为上升趋势。

对于中部地区而言，三套数据测算的结果均表明中部地区在 2008 年之前趋同指数趋于增大，而在经济危机之后，不同数据测算出来的 σ 趋同指数表现各异，中部六省之间的趋同指数在经济危机后仍有爬升，表明省份之间的经济增长速度表现出较大的差异，中部地区城市及县级行政单位之间的趋同指数缩小，表明落后地区追赶势头明显，中部地区城市或县域的经济水平存在趋同趋势。

表 3-4　基于省级数据测算的 σ 趋同指数

年份	总体	东部	中部	西部	东北	年份	总体	东部	中部	西部	东北
2000	0.5236	0.4999	0.0947	0.2501	0.1773	2009	0.4912	0.4555	0.1026	0.3269	0.1854
2001	0.5287	0.5035	0.0916	0.2545	0.1788	2010	0.4662	0.4292	0.0946	0.3261	0.1907
2002	0.5334	0.5100	0.0936	0.2590	0.1749	2011	0.4433	0.4047	0.0924	0.3239	0.1887
2003	0.5413	0.5237	0.1110	0.2730	0.1594	2012	0.4277	0.3913	0.0928	0.3102	0.1984
2004	0.5361	0.5248	0.1148	0.2834	0.1353	2013	0.4175	0.3851	0.0928	0.2916	0.2130
2005	0.5325	0.5198	0.1154	0.2820	0.1522	2014	0.4128	0.3811	0.1047	0.2842	0.2173
2006	0.5230	0.5091	0.1147	0.2889	0.1463	2015	0.4177	0.3874	0.1163	0.2788	0.2168
2007	0.5114	0.4972	0.1260	0.2942	0.1477	2016	0.4209	0.3945	0.1308	0.2729	0.1369
2008	0.4946	0.4739	0.1246	0.3157	0.1612	—	—	—	—	—	—

表 3-5　基于市级数据测算的 σ 趋同指数

年份	总体	东部	中部	西部	东北	年份	总体	东部	中部	西部	东北
2005	0.6546	0.6031	0.4469	0.6722	0.5295	2011	0.5688	0.4908	0.4368	0.6331	0.4800
2006	0.6565	0.6025	0.4605	0.6751	0.5231	2012	0.5559	0.4925	0.4348	0.6157	0.4701
2007	0.6471	0.5949	0.4641	0.6738	0.5168	2013	0.5439	0.4878	0.4265	0.5970	0.4707
2008	0.6403	0.5817	0.4766	0.6728	0.5116	2014	0.5369	0.4852	0.4222	0.5822	0.4815
2009	0.7012	0.5671	0.4719	0.8705	0.4914	2015	0.5266	0.4837	0.4115	0.5543	0.4647
2010	0.6018	0.5196	0.4672	0.6636	0.4819	—	—	—	—	—	—

表 3-6　基于县级数据测算的中部地区 σ 趋同指数

年份	总体	山西省	安徽省	江西省	河南省	湖北省	湖南省
2005	0.4956	0.6390	0.3614	0.3478	0.5106	0.4036	0.4141
2006	0.5125	0.6595	0.3871	0.3609	0.5338	0.4067	0.4152
2007	0.5224	0.6447	0.3959	0.3870	0.5290	0.4209	0.4175
2008	0.5374	0.6841	0.4243	0.3886	0.5332	0.4108	0.4359
2009	0.5265	0.6422	0.4504	0.3916	0.5156	0.4176	0.4778
2010	0.5205	0.6289	0.4722	0.3922	0.5014	0.4091	0.4904
2011	0.5406	0.6514	0.4933	0.3925	0.4987	0.5120	0.4973
2012	0.5347	0.6401	0.5075	0.3938	0.4821	0.5311	0.4986
2013	0.5210	0.6081	0.5171	0.3820	0.4644	0.5058	0.5038
2014	0.5108	0.5588	0.5267	0.3753	0.4503	0.5076	0.5026

（二）β 趋同指数测算

结合公式（3-4）和（3-5），本书首先使用 OLS 方法，采用与前文相同的三套数据，测算 β 趋同指数。条件收敛指数的测度结果如表 3-7 至表 3-9 所示，绝对收敛指数的测算结果如表 3-10、表 3-11 所示。

表 3-7　省级层面条件收敛指数测算结果

	全样本	东部地区	中部地区	西部地区	东北地区
Ln（初始 PGDP）	−0.017 7***	−0.014 6*	−0.012 4	−0.023 5	−0.061
	(0.004 3)	(0.007 4)	(0.035 1)	(0.018 6)	(0.048 2)
_cons	0.095 2***	0.096 9***	0.098 1**	0.092 4***	0.077 2*
	(0.002 6)	(0.003 7)	(0.022 6)	(0.014 0)	(0.010 1)
Adj_R^2	0.355 1	0.242 8	−0.212 2	0.055 8	0.231 2
Obs.	30	10	6	11	3

注：括号内为标准误，*、**、*** 分别表示在 10%、5% 和 1% 的水平上显著，下表同。

表 3-8　市级层面条件收敛指数测算结果

	全样本	东部地区	中部地区	西部地区	东北地区
Ln（初始 PGDP）	-0.026 1***	-0.026 5***	-0.019 6***	-0.023 9***	-0.022 0***
	(0.001 9)	(0.003 5)	(0.005 1)	(0.003 5)	(0.007 1)
_cons	0.108 3***	0.106 7***	0.107 0***	0.114 3***	0.100 0***
	(0.001 3)	(0.003 1)	(0.002 3)	(0.002 4)	(0.004 3)
Adj_R²	0.399 1	0.397 7	0.149 6	0.353 5	0.206 0
Obs.	283	85	80	84	34

表 3-9　县级层面中部地区条件收敛指数测算结果

	全样本	山西省	安徽省	江西省	河南省	湖北省	湖南省
Ln（初始 PGDP）	-0.018 3***	-0.038 2***	0.030 3***	-0.010 6	-0.023 0***	0.011 0	0.009 5
	(0.003 0)	(0.006 6)	(0.010 3)	(0.007 4)	(0.004 2)	(0.008 6)	(0.006 5)
_cons	0.278 1***	0.437 7***	-0.142 8	0.280 7***	0.324 9***	0.052 1	0.030 2
	(0.026 6)	(0.058 9)	(0.886 9)	(0.064 6)	(0.037 8)	(0.074 8)	(0.057 3)
Adj_R²	0.067 3	0.254 3	0.114 1	0.013 0	0.215 8	0.010 1	0.012 9
Obs.	498	97	61	80	108	64	88

　　从条件收敛指数的测算可以看出：首先，全国省级层面的估算结果表明我国整体出现条件收敛的趋势，即初始条件较落后的省份经济增长速度会比经济基础较好的省份实现更快增长，分区域的考察也有类似特征，但是仅在东部地区显著，中部地区、西部地区和东北地区的条件收敛特征则不显著。其次，考虑到省级层面的考察尺度过于宽泛，仅可以反映出全国层面上的收敛特征，而不能揭示特定板块或省份内部的增长特征，因此，基于市级层面数据的收敛指数测算十分必要。从表 3-8 基于市域数据测算的收敛指数的结果中可以看出，全国层面出现条件收敛，且这一特征在各板块也显著存在，东部地区的收敛系数最高，西部地区其次，中部地区的最小。最后，从表 3-9 中可以看出，中部地区县级单位之间仅有山西和河南两省收敛趋势明显，而安徽省收敛系数显著为正，表明省份内部县域单位之间则有明显的发散趋势。此外，江西省的收敛系数为负，湖北和湖南两省收敛系数为正，但二者均不显著。因此，从整体上来看，山西、河南和江西三省的县级行政单位之间的经济发展水平表现出收敛的特征，而湖北省、湖南省、安徽省的县域单位之间则有一定的发散趋势。接下来对绝对收敛指数进行考察。

表 3-10　绝对收敛指数测算结果

	省级全样本	市级全样本	东部地区	中部地区	西部地区	东北地区
Ln（初始 PGDP）	−0.031 4 ***	−0.041 5 ***	−0.046 5 ***	−0.060 2 ***	−0.049 4 ***	−0.046 7 ***
	(0.005 9)	(0.002 8)	(0.005 4)	(0.008 6)	(0.004 4)	(0.007 1)
_cons	0.168 7 ***	0.115 6 ***	0.178 2 ***	0.154 5 ***	0.143 5 ***	0.188 6 ***
	(0.035 3)	(0.012 1)	(0.025 7)	(0.025 4)	(0.020 3)	(0.036 3)
控制变量	控制	控制	控制	控制	控制	控制
Adj_R^2	0.667 5	0.595 4	0.655 5	0.559 2	0.650 8	0.759 6
Obs.	30	283	85	80	84	34

注：括号内为标准误，*、**、***分别表示在10%、5%和1%的水平上显著。

表 3-11　县级层面中部地区绝对收敛指数测算结果

	全样本	山西省	安徽省	江西省	河南省	湖北省	湖南省
Ln（初始 PGDP）	−0.055 5 ***	−0.075 2 ***	−0.033 5 ***	−0.048 8 ***	−0.053 3 ***	−0.029 8 **	−0.046 9 ***
	(0.003 6)	(0.006 4)	(0.011 2)	(0.007 5)	(0.008 4)	(0.015)	(0.007 8)
_cons	0.546 6 ***	0.716 5 ***	0.295 0 ***	0.515 9 ***	0.516 7 ***	0.291 2 ***	0.4581 ***
	(0.028 3)	(0.063 9)	(0.082 4)	(0.077 9)	(0.071 3)	(0.105 8)	(0.071 4)
控制变量	控制	控制	控制	控制	控制	控制	控制
Adj_R^2	0.759 6	0.613 8	0.632 1	0.424 8	0.354 8	0.253 9	0.516 9
Obs.	498	97	61	80	108	64	88

在分板块的省级数据的考察中，由于一些区域所含截面较少，在加入控制变量后可能出现估算结果不完整的情况，因此，本书仅对整个省级面板数据进行了分析，而没有拓展相关板块绝对收敛指数的测算。从估计结果可以看出，三套数据的估算结果均表明全国、分板块区域以及中部省份均表现出绝对收敛的趋势。在中部地区，山西、河南以及江西三省的绝对收敛系数最大，与条件收敛指数估算结果相同，湖南省、安徽省、湖北省虽然指数较小，但也表现出绝对收敛的态势。

第三节　区域发展战略对地区非平衡的影响

我国高度重视区域协调发展，该战略成为党的十二大以来历次报告的主旨内容，党的十九大更是旗帜鲜明地提出"实施区域协调发展战略"，强调通过支持新区建设、实施乡村振兴等战略力促区域协调发展。进入新时代，党的十九大对社会主要矛盾做出了新的重大判断,从供给和需求侧高度概括出现阶段我国人民对物质生活、精神生活的"高追求"以及对充分发展、平衡发展的"高要求"。区域平衡发展绝非传统意义上的均匀发展,平衡发展不仅注重"量"上的"均匀",更追求"质"上的平衡,也是高质量发展的题中之义。

一、理论分析与假说提出

借鉴 Barro and Sala-i-Martin(1997)[①] 南北技术扩散模型的思想,假定存在两个地区。与 Spence(1976)[②]、Dixit and Stiglitz(1976)[③] 一致,两个地区的生产函数相同,但市场化程度不同,所施政策具有非对称性。假定两地的生产函数均为:

$$Y_i = A_i \cdot L_i^{\alpha} \cdot K_i^{\beta} \cdot \sum_{j=1}^{N_i} x_{ij}^{1-\alpha-\beta} \tag{3-6}$$

在上式中,i 表示地区,j 为中间产品种类,Y_i、L_i、K_i 分别为 i 地区的总产出、劳动力和资本投入,α 和 β 分别为 i 地区劳动和资本的产出弹性,x_{ij} 为 i 地区第 j 项中间投入品,i 地区中间投入品的种类为 N_i。按照公式,可以得到中间产品 j 的边际产出为:

$$\frac{\partial Y_i}{\partial x_{ij}} = (1 - \alpha - \beta) \cdot A_i \cdot L_i^{\alpha} \cdot K_i^{\beta} \cdot x_{ij}^{-(\alpha+\beta)} \tag{3-7}$$

假定两个地区均处在完全竞争市场的情境,且地区 1 由于市场经济发达,要素扭曲程度较低,因此要素投入的边际产出等于要素的价格,令中间投入品的价格为 p_{ij},带入公式(3-7)可以求出中间产品 x_{ij} 的需求量为:

$$x_{ij} = \left[\frac{(1 - \alpha - \beta) \cdot A_i \cdot L_i^{\alpha} \cdot K_i^{\beta}}{P_{ij}} \right]^{\frac{1}{\alpha+\beta}} \tag{3-8}$$

按照 Barro and Sala-i-Martin(1997)[④] 对中间产品边际成本"1"的设定,可以定义中间产品生产的收益函数:

$$\pi_{ij} = (P_{ij} - 1) \cdot x_{ij} \tag{3-9}$$

接下来求上式的最大化一阶条件,对公式(3-4)两边同时求 x_{ij} 的微分,

---

① BARRO R, SALA-I-MARTIN X. Technological diffusion, convergence, and growth [J]. Journal of economic growth, 1997, 2(1): 1-27.

② SPENCE A. Product selection, fixed costs, and monopolistic competition [J]. The review of economic studies, 1976, 43(2): 217-235.

③ DIXIT A K, STIGLITZ J E. Monopolistic competition and optimum product diversity [J]. American economic review, 1977, 67(3): 297-308.

④ 同①.

可以得到中间产品需求曲线的斜率为:

$$\frac{\partial P_{ij}}{\partial x_{ij}} = \frac{1 - P_{ij}}{x_{ij}} \tag{3-10}$$

通过公式（3-3）求取中间品需求曲线的斜率的表达式带入公式（3-10），本书有:

$$p_{ij} = \frac{1}{1 - \alpha - \beta} \tag{3-11}$$

将公式（3-11）带入公式（3-8），进一步得到中间产品的数量为:

$$x_{ij} = [(1 - \alpha - \beta)^2 \cdot A_i \cdot L_i^{\alpha} \cdot K_i^{\beta}]^{\frac{1}{\alpha+\beta}} \tag{3-12}$$

将公式（3-12）引入公式（3-6），可以有:

$$Y_i = [A_i \cdot L_i^{\alpha} \cdot K_i^{\beta}]^{\frac{1}{\alpha+\beta}} \cdot [1 - \alpha - \beta]^{\frac{2(1-\alpha-\beta)}{\alpha+\beta}} \cdot N_i = A_i^{\frac{1}{\alpha+\beta}} \cdot L_i^{\frac{\alpha}{\alpha+\beta}} \cdot K_i^{\frac{\beta}{\alpha+\beta}} \cdot x \tag{3-13}$$

其中，$x = [1 - \alpha - \beta]^{\frac{2(1-\alpha-\beta)}{\alpha+\beta}} \cdot N_i$。按照要素边际产量等于要素价格，可以对公式（3-13）进行分解:

$$\frac{\partial Y_i}{\partial L_i} = x \cdot \left[\left(\frac{\alpha}{\alpha+\beta}\right) \cdot L_i^{\frac{-\beta}{\alpha+\beta}}\right] \cdot A_i^{\frac{1}{\alpha+\beta}} \cdot K_i^{\frac{\beta}{\alpha+\beta}} = w \tag{3-14}$$

$$\frac{\partial Y_i}{\partial K_i} = x \cdot \left[\left(\frac{\beta}{\alpha+\beta}\right) \cdot K_i^{\frac{-\alpha}{\alpha+\beta}}\right] \cdot A_i^{\frac{1}{\alpha+\beta}} \cdot L_i^{\frac{\alpha}{\alpha+\beta}} = r \tag{3-15}$$

进而也可以直接求得劳动和资本两要素相对价格的表达式:

$$\frac{r}{w} = \frac{MP_K}{MP_L} = \frac{\dfrac{\partial Y_i}{\partial K_i}}{\dfrac{\partial Y_i}{\partial L_i}} = \frac{L_i}{K_i} \cdot \frac{\beta}{\alpha} \tag{3-16}$$

通过公式（3-16），可以得到资本和劳动的函数，并将其代入公式（3-11），得到:

$$Y_i = A_i^{\frac{1}{\alpha+\beta}} \cdot K_i \cdot \left(\frac{r}{w} \cdot \frac{\alpha}{\beta}\right)^{\frac{\alpha}{\alpha+\beta}} \cdot x \tag{3-17}$$

$$Y_i = A_i^{\frac{1}{\alpha+\beta}} \cdot L_i \cdot \left(\frac{w}{r} \cdot \frac{\beta}{\alpha}\right)^{\frac{\beta}{\alpha+\beta}} \cdot x \tag{3-18}$$

按照前述假设，地区 2 要素价格扭曲影响了生产要素配置，预算约束方程将会随之发生改变。假定要素价格扭曲对劳动、资本、中间品的价格的扭曲程度分别为 τ_{il}、τ_{ik}、τ_{im}。此时，地区 2 面对的最大化问题的一阶条件将变为 MC = $(1+\tau) p_{ij}$，利润函数等也将随之发生变化。相对于地区 1 的公式（3-8），地区 2 中间品的产品价格、需求函数、利润函数分别为:

$$p_{ij} = \frac{1}{(1 - \alpha - \beta) \cdot (1 + \tau_{im})} \tag{3-19}$$

$$x_{ij} = \left[\frac{(1 - \alpha - \beta) \cdot A_i \cdot L_i^{\alpha} \cdot K_i^{\beta}}{(1 + \tau_{im}) p_{ij}} \right]^{\frac{1}{\alpha + \beta}} \tag{3-20}$$

$$\pi_{ij} = \left[(1 + \tau_{im}) P_{ij} - 1 \right] \cdot x_{ij} = \left[(1 - \alpha - \beta) \cdot A_i \cdot L_i^{\alpha} \cdot K_i^{\beta} \right]^{\frac{1}{\alpha + \beta}} \cdot$$

$$\left\{ \left[(1 + \tau_{im}) P_{ij} - 1 \right]^{\frac{\alpha + \beta - 1}{\alpha + \beta}} - \left[(1 + \tau_{im}) P_{ij} \right]^{\frac{-1}{\alpha + \beta}} \right\} \tag{3-21}$$

因此，要素价格扭曲会对要素价格和中间品产出分别产生 $(1 + \tau_{im})^{\frac{1}{\alpha + \beta}}$ 的冲击，导致要素价格变动并没有对中间品产出产生相应的冲击。然而，要素价格扭曲却会对劳动报酬和资本回报率产生影响，对应于地区 1 中的公式（3-14）和公式（3-15），地区 2 则有：

$$\frac{\partial Y_i}{\partial L_i} = x \cdot \left[\left(\frac{\alpha}{\alpha + \beta} \right) \cdot L_i^{\frac{-\beta}{\alpha + \beta}} \right] \cdot A_i^{\frac{1}{\alpha + \beta}} \cdot K_i^{\frac{\beta}{\alpha + \beta}} = (1 + \tau_{2l}) \cdot w \tag{3-22}$$

$$\frac{\partial Y_i}{\partial K_i} = x \cdot \left[\left(\frac{\alpha}{\alpha + \beta} \right) \cdot L_i^{\frac{-\beta}{\alpha + \beta}} \right] \cdot A_i^{\frac{1}{\alpha + \beta}} \cdot L_i^{\frac{\alpha}{\alpha + \beta}} = (1 + \tau_{2k}) \cdot r \tag{3-23}$$

$$\frac{r}{w} = \frac{MP_K}{MP_L} = \frac{\dfrac{\partial Y_i}{\partial K_i}}{\dfrac{\partial Y_i}{\partial L_i}} = \frac{L_i}{K_i} \cdot \frac{\beta}{\alpha} \cdot \frac{(1 + \tau_{2l})}{(1 + \tau_{2k})} \tag{3-24}$$

则生产函数可以进一步写成：

$$Y_i = A_i^{\frac{1}{\alpha + \beta}} \cdot K_i \cdot \left[\frac{r}{w} \cdot \frac{\alpha}{\beta} \cdot \frac{(1 + \tau_{2k})}{(1 + \tau_{2l})} \right]^{\frac{\alpha}{\alpha + \beta}} \cdot x \tag{3-25}$$

$$Y_i = A_i^{\frac{1}{\alpha + \beta}} \cdot L_i \cdot \left[\frac{w}{r} \cdot \frac{\beta}{\alpha} \cdot \frac{(1 + \tau_{2l})}{(1 + \tau_{2k})} \right]^{\frac{\beta}{\alpha + \beta}} \cdot x \tag{3-26}$$

可以看出，与地区 1 相比，地区 2 因实行了价格扭曲的发展战略导致要素相对价格出现扭曲程度不同而对经济增长产生了差异化影响。本书将两地的经济发展情况进行比较，发现在包含资本投入的生产函数中，地区 2 较地区 1 变动了 $\left[\dfrac{(1 + \tau_{2k})}{(1 + \tau_{2l})} \right]^{\frac{\alpha}{\alpha + \beta}}$，而在劳动投入的生产函数中衡量的经济增长则变动了 $\left[\dfrac{(1 + \tau_{2l})}{(1 + \tau_{2k})} \right]^{\frac{\beta}{\alpha + \beta}}$。

上式表明，区域之间的非平衡主要受技术差异（DT）、要素边际产出差异（DMP）、要素投入数量（DF）以及要素产出弹性的组合函数的差异（DE）影响。具体来讲：第一，地区非平衡受技术进步贡献率（全要素生产率）影响；

第二，地区非平衡受要素相对价格的影响，而两个地区要素相对价格的差异则主要受到政府干预导致的不同的扭曲程度的影响；第三，地区非平衡受要素产出弹性的影响。

二、变量测度

结合文献回顾与理论分析，本书认为技术发明和技术模仿在创新成本和创新风险方面具有本质上的差异，二者对先发国家（地区）和后发国家（地区）之间长期的发展差异有显著影响。此外，由于不同区域资源禀赋和政策扭曲不同，从而要素回报率以及技术偏向往往不同，加之企业的自选择效应导致不同区域集聚的企业生产率参差不齐而影响地区发展质量（Baldwin and Okubo，2006；Melitz and Ottaviano，2008）①②。因此，本书首先对区域差异、技术进步等关键变量进行测度。

（一）被解释变量

区域非均衡的衡量。区域差异可以分为"量"和"质"上的差异，前者汗牛充栋，后者则乏人问津。"量"上测度区域差异的指标可以分为绝对差异和相对差异，前者包括极差、标准差、最大最小值比等，后者则有基尼系数、变异系数、泰尔指数等。前文已经对泰尔指数、收敛指数等进行了测度，但是在省级数据基础上测度的结果反映的是全国层面的发展差异，市域基础上则多反映的是省份内部的发展差异，且一些省份由于统计质量的原因导致城市的数量较少，因此并不能很好地构造用于区域非均衡实证分析的面板数据。此外，目前尚没有明确提出经济发展质上差异的文献，但是已有文献对地区产品质量提升和高质量发展进行了探讨（Kugler and Verhoogen，2012；Amiti and Khandelwal，2013；陈诗一和陈登科，2018）③④⑤，多数学者采用微观企业全要素生产率、劳动生产率或构建高质量发展指标体系来度量地区高质量发展水平。

---

① BALDWIN R, OKUBO T. Heterogeneous firms, agglomeration and economic geography: spatial selection and sorting [J]. Journal of economic geography. 2006, 6 (3): 323-346.

② MELITZ M, OTTAVIANO G. Market size, trade, and productivity [J]. The review of economic studies, 2008, 75 (1): 295-316.

③ KUGLER M, VERHOOGEN E A. Prices, plant Size, and product quality [J]. The review of economic studies, 2012, 79 (1): 307-339.

④ AMITI M, KHANDELWAL A. Import competition and quality upgrading [J]. The review of economics and statistics, 2013, 95 (2): 476-490.

⑤ 陈诗一，陈登科. 雾霾污染、政府治理与经济高质量发展 [J]. 经济研究，2018, 53 (2): 20-34.

（二）解释变量

发展战略的衡量。新结构经济学通过比较产业结构与就业人员结构来衡量某产业的优先发展程度进而度量经济发展战略获得技术选择指数（TCI），并得到后续学者的进一步应用和推广（陈斌开和林毅夫，2013)[1]。此外，也有诸多学者将发展战略的实施设定为虚拟变量进行处理（刘瑞明和赵仁杰，2015；李卫兵和李翠，2018)[2][3]。

扭曲指数的测度。政府通过政策干预扭曲要素价格来扶持相关产业发展是政府干预经济的主要手段。陈永伟和胡伟民（2011)[4] 提出要素价格扭曲下资源错配和效率损失的分析框架，提出了绝对扭曲系数和相对扭曲系数，并被后续研究广泛采用，本书也延续了该文对错配指数的定义，绝对扭曲系数的测度方程为：

$$\gamma_{Li} = \frac{1}{1 + \tau_{Li}}, \quad \gamma_{Mi} = \frac{1}{1 + \tau_{Mi}} \tag{3-27}$$

与相对扭曲系数相比，绝对扭曲系数既不能被测度也不能真实刻画要素价格的真实变动。相对扭曲系数则重在测度要素实际配置与有效配置的偏离程度，测度方程为：

$$\hat{\gamma}_{Li} = \frac{L_i}{L} \bigg/ \frac{s_i \beta_{Li}}{\sum_{i=1}^{n} s_i \beta_{Li}}, \quad \hat{\gamma}_{Mi} = \frac{M_i}{M} \bigg/ \frac{s_i \beta_{Mi}}{\sum_{i=1}^{n} s_i \beta_{Mi}} \tag{3-28}$$

上式分别为劳动和其他中间品的相对扭曲系数，i 分别指代地区或行业部门。L_i/L 为 i 地区或部门劳动投入比重，β_{Li}/β_L 为劳动要素在地区或部门间有效配置状态，s_i 为 i 地区或部门对地区或行业的产出份额加权。

（三）控制变量

技术进步的衡量。技术进步是地区经济增长最具竞争力的核心要素，一般通过全要素生产率（TFP）衡量。全要素生产率的衡量方法较多。一些学者基于微观企业的数据采用 OP 或 LP 方法测算企业全要素生产率后，选取全要素

① 陈斌开，林毅夫. 发展战略、城市化与中国城乡收入差距 [J]. 中国社会科学，2013（4）：81-102，206.

② 刘瑞明，赵仁杰. 西部大开发：增长驱动还是政策陷阱——基于 PSM-DID 方法的研究 [J]. 中国工业经济，2015（6）：32-43.

③ 李卫兵，李翠. "两型社会"综改区能促进绿色发展吗？[J]. 财经研究，2018，44（10）：24-37.

④ 陈永伟，胡伟民. 价格扭曲、要素错配和效率损失：理论和应用 [J]. 经济学（季刊），2011，10（3）：1401-1422.

生产率的均值或者通过将企业增加值比重作为权重核算行业或地区的全要素生产率（余静文等，2017；李瑞琴和孙浦阳，2018）①②。

本书选取人力资本、城镇化、国有企业比重、外商直接投资、政府规模等作为控制变量。第一，本书将人均受教育年限作为人力资本的衡量指标，具体算法为：按照全国1%人口抽样调查数据，大专以上文化程度按16年计算，高中文化程度为12年，初中文化程度为9年，小学文化程度为6年，文盲为0年（6岁及6岁以上人口），2015年由于统计年鉴中单独将研究生列出，故2015年在前述计算的基础上，研究生受教育年限统一按照19年进行计算，相关数据源自《中国人口统计年鉴》《中国劳动统计年鉴》。第二，城镇化率为城镇人口与常住人口的比值，其中1997—2000年城镇化率选取周一星等（2006）修订后的城镇化率。第三，国有企业比重采用地区国有及国有控股工业企业产值与工业总产值的比值进行衡量，其中2015年为规模以上工业企业数据计算的结果，相关数据源自《中国工业经济统计年鉴》以及《中国统计年鉴》。第四，外商直接投资数据源自《中国统计年鉴》，并参考各省（市、区）历年统计公报进行修正和补充。第五，政府规模通过政府财政支出与GDP的比值进行衡量。第六，技术外溢，有关技术外溢的测度，韩峰等（2014）③通过城市科研活动费用支出及城市距离构建技术溢出指数，李婧和何宜丽（2017）④基于引力模型构建了区域间知识溢出函数。本书也采取引力模型进行测度，相关数据源自《中国科技统计年鉴（2001—2016）》。

需要说明的是，地区差异的衡量将降低研究的空间维度，如以省级行政单位作为标准会得到国家层面的地区差异指标，而以市为单位则更能反映省份内部的差异情况。因此本书首先依据地区差异指标刻画地区差异程度，进而对地区差异做出了基础性描述，以初步掌握地区差异的演变趋势，而后进一步从收敛或发散的视角审视地区经济的增长差异，最后探讨发展战略对地区经济产出的影响，从而揭示发展战略对地区经济发展的意义。

---

① 余静文，谭静，蔡晓慧.高房价对行业全要素生产率的影响——来自中国工业企业数据库的微观证据 [J].经济评论，2017（6）：22-37，121.

② 李瑞琴，孙浦阳.地理集聚与企业的自选择效应——基于上、下游关联集聚和专业化集聚的比较研究 [J].财贸经济，2018，39（4）：114-129.

③ 韩峰，王琢卓，阳立高.生产性服务业集聚、空间技术溢出效应与经济增长 [J].产业经济研究，2014（2）：1-10.

④ 李婧，何宜丽.基于空间相关视角的知识溢出对区域创新绩效的影响研究——以省际数据为样本 [J].研究与发展管理，2017，29（1）：42-54.

三、发展战略对地区非平衡发展影响的实证分析

本部分，首先按照前文所选变量进行数据的搜集。第一，地区差异。按照陈诗一和陈登科（2018）[1] 的观点，本书选取人均 GDP 作为衡量地区发展差异的主要指标，缘于其可以较好地反映地区经济增长质量，相关数据源自《中国统计年鉴》，并按照价格指数对其进行平减。第二，发展战略指标。本书按照现有文献对发展战略的测度方式，一方面选取技术选择指数（TCI）对其进行测度，另一方面选取发展战略的虚拟指数对其进行衡量。TCI 指数是通过衡量重工业发展情况来反映地区实行比较优势战略还是赶超战略，其测度方式是地区制造业产值比重与就业比重的比值，数据主要源自 EPS 统计平台、各省（市、区）统计年鉴以及《中国工业经济统计年鉴》。第三，依据数据的可获取情况，本书选取 2000—2015 年为考察时段，主要变量的描述性统计参见表 3-12。为了避免多重共线性对估计结果准确性的影响，本书测度了变量之间的相关系数（见表 3-13），并对变量进行了 VIF 检验（见表 3-14）。从表 3-13 可以看出，城镇化（urban）与发展战略（tci）、国有企业比重（ssoe）之间相关性均大于 0.7，其余变量的相关性系数较小，不存在严重的多重共线性问题。VIF 的检验结果也支持了这一结论，各变量的 VIF 检验均小于 10，表明模型不存在多重共线问题。此外，为了避免模型出现伪回归的问题，本书需要对各变量进行单位根检验，检验结果如表 3-15 所示，本书综合使用 IPS 和 LLC 方法对变量进行了单位根检验，由于人力资本（lnhr）和政府规模（gov）均为一阶单整，故而本书对变量均进行了一阶滞后，可以看出所有变量均表现出一阶单整的特性，因此变量平稳，可以进行回归。首先构建基准回归模型，如公式（3-29）和公式（3-30）所示。

$$\text{lnpgdp}_{it} = \alpha_0 + \alpha_1\, tci_{it} + \alpha_2\, \text{lnhr}_{it} + \alpha_3\, \text{urban}_{it} + \alpha_4\, \text{ssoe}_{it} + \alpha_5\, \text{lnfdi}_{it} +$$
$$\alpha_6\, \text{gov}_{it} + \alpha_7\, lm_{it} + \alpha_8\, \text{km}_{it} + \alpha_9\, \text{bias}_{it} + \varepsilon_{it} \qquad (3\text{-}29)$$

$$\text{lnpgdp}_{it} = \beta_0 + \beta_1\, \text{strategy}_{it} + \beta_2\, \text{lnhr}_{it} + \beta_3\, \text{urban}_{it} + \beta_4\, \text{ssoe}_{it} + \beta_5\, \text{lnfdi}_{it} +$$
$$\beta_6\, \text{gov}_{it} + \beta_7\, lm_{it} + \beta_8\, \text{km}_{it} + \beta_9\, \text{bias}_{it} + \varepsilon_{it} \qquad (3\text{-}30)$$

式中，下标 i 和 t 分别表示 i 地区 t 年。为简便，省略下标进行阐释。strategy 代表 east、west、northeast 和 central，ε 为随机误差项。

---

① 陈诗一，陈登科. 雾霾污染、政府治理与经济高质量发展 [J]. 经济研究，2018，53（2）：20-34.

表 3-12　主要变量描述性统计

变量	指标	样本量	平均值	标准差	最小值	第一四分位数	中位数	第三四分位数	最大值
经济水平	lnpgdp	480	0.516 8	0.713 9	-1.301 0	-0.032 3	0.541 7	1.017 8	2.079 3
发展战略	tci	480	5.062 3	2.362 5	0.031 5	3.245 4	4.972 2	6.648 0	12.365 8
人力资本	lnhr	480	2.135 7	0.126 2	1.786 2	2.048 3	2.130 4	2.222 4	2.526 6
城镇化	urban	480	0.489 1	0.152 6	0.232 0	0.384 3	0.463 3	0.555 0	0.896 0
国有企业比重	ssoe	480	0.455 2	0.205 2	0.101 1	0.293 0	0.455 2	0.611 8	0.891 1
外商直接投资	lnfdi	480	-1.648 7	1.709 0	-1.648 7	1.513 9	3.160 6	4.187 3	5.789 4
政府规模	gov	480	0.183 3	0.085 1	0.069 1	0.126 2	0.162 6	0.222 0	0.626 9
劳动错配	lm	480	1.011 5	0.947 7	-2.697 1	0.669 2	0.986 9	1.256 9	4.859 1
资本错配	km	480	1.212 7	0.445 4	0.202 5	0.914 2	1.157 6	1.500 6	2.806 7
技术进步偏向	bias	480	0.064 3	0.283 0	-0.302 6	-0.013 2	0.035 1	0.099 9	3.930 9
东部率先发展	east	480	0.333 3	0.471 9	0	0	0	1	1
西部大开发	west	480	0.366 7	0.482 4	0	0	0	1	1
东北振兴	northeast	480	0.075 0	0.263 7	0	0	0	0	1
中部崛起	central	480	0.112 5	0.316 3	0	0	0	0	1

注：表中数据为作者统计结果。

表3-13 变量相关性检验

	lnpgdp	tci	lnhr	urban	ssoe	lnfdi	gov	lm	km	bias	east	west	northeast	central
lnpgdp	1.000													
tci	-0.659***	1.000												
lnhr	0.846***	-0.622***	1.000											
urban	0.854***	-0.778***	0.806***	1.000										
ssoe	-0.590***	0.447***	-0.346***	-0.372***	1.000									
lnfdi	0.719***	-0.571***	0.580***	0.621***	-0.779***	1.000								
gov	-0.018	0.343***	-0.069	-0.109**	0.347***	-0.430***	1.000							
lm	-0.472***	0.562***	-0.487***	-0.625***	0.109**	-0.390***	0.277***	1.000						
km	-0.232***	0.267***	-0.192***	-0.400***	0.227***	-0.420***	0.303***	0.163***	1.000					
bias	-0.066	-0.052	-0.090**	-0.010	-0.055	0.039	-0.061	0.031	-0.055	1.000				
east	0.500***	-0.601***	0.343***	0.575***	-0.553***	0.534***	-0.384***	-0.246***	-0.553***	0.060	1.000			
west	-0.359***	0.538***	-0.417***	-0.449***	0.473***	-0.630***	0.540***	0.317***	0.406***	0.001	-0.538***	1.000		
northeast	0.134***	-0.095**	0.181***	0.154***	0.058	0.114**	-0.005	-0.117***	0.086*	-0.038	-0.201***	-0.217***	1.000	
central	0.072	0.050	0.139***	-0.064	-0.193***	0.220***	-0.020	0.006	0.191***	-0.062	-0.252***	-0.271***	-0.101**	1.000

注：表中结果为stata13.0估计结果，下表同。

表 3-14　VIF 检验结果

	Vif	1/vif
tci	3.70	0.270 3
lnhr	3.64	0.274 7
urban	8.65	0.115 6
ssoe	3.95	0.253 2
lnfdi	5.79	0.172 7
gov	2.10	0.476 2
lm	2.22	0.450 5
km	2.05	0.487 8
bias	1.04	0.961 5
east	4.90	0.204 1
west	3.72	0.268 8
northeast	1.88	0.531 9
central	2.33	0.429 2
Mean vif	3.54	0.282 5

表 3-15　面板数据单位根检验结果

	LLC	IPS
tci	−6.183 2*** (0.000)	−9.643 9*** (0.000)
lnhr	−12.478 8*** (0.000)	−10.967 3*** (0.000)
urban	−5.137 7*** (0.000)	−5.994 7*** (0.000)
ssoe	−1.732 6** (0.041 6)	−7.920 8*** (0.000)
lnfdi	−14.604 7*** (0.000)	−7.651 3*** (0.000)
gov	−9.687 3*** (0.000)	−11.177 1*** (0.000)
lm	−6.533 9*** (0.000)	−5.436 4*** (0.000)
km	−8.036 5*** (0.000)	−4.234 2*** (0.000)
bias	−18.122 1*** (0.000)	−12.324 7*** (0.000)

　　本书在模型估计中，核心解释变量为发展战略，在此将发展战略进行双重表示，正如前文整理指标时的阐释，包括赶超战略（tci）及区域发展战略

（strategy）。由于区域发展战略多是在某一时期后长期存在，虽然政府部门会随战略执行情况做出相应的调整，但是考虑到政策虚拟变量不随时间而变化，且长期执行的战略并不会随经济发展变化时刻做出调整，二者双向因果关系并不明朗，因此，在对区域发展战略的影响效应估计中本书仅使用了 OLS 方法。对于赶超战略，其反映了每一时期政府部门对资本密集型产业的支持力度，可以说是基于上一期战略执行效果的改进，因此此时的产业发展战略与经济发展可能存在双向因果关系。此外，当解释变量与扰动项相关时会产生内生性问题，此时进行 OLS 估计的条件得不到满足，通过 OLS 回归的结果将是有偏的、不一致的，此时可以通过寻找工具变量的方法来将内生变量与随机扰动项相关的部分剔除。采取的估计方法一般有 2SLS 和矩估计，2SLS 在同方差的条件下估计是最有效的，而在异方差的情况下，矩估计则要优于 2SLS。矩估计又可以分为系统 GMM、差分 GMM、迭代 GMM 等，一般学者认为差分 GMM 无法估计不随时间变化的变量的系数，因此多选取系统 GMM，以克服弱工具变量的问题。另外，考虑到遗漏变量以及被解释变量存在的惯性问题，一般通过在模型中引入被解释变量的滞后项来构建动态面板模型。

本书在讨论赶超战略部分时，内生性问题主要源自两个方面：第一，遗漏变量问题。本书虽然尽可能地在模型中加入控制变量，但是囿于数据获取能力和一些不可观测因素的影响，本书在实证过程中仍不可避免地存在遗漏变量问题，而这些遗漏变量可能与扰动项相关；第二，被解释变量与解释变量（尤其是核心解释变量）之间可能存在双向因果关系。因此，忽视内生性问题会导致估计结果出现偏差。

针对上文中出现的内生性问题，本书通过选取工具变量，借助 2SLS 或 GMM 方法对模型进行估计。借助工具变量法解决内生性问题的关键在于工具变量的选取和估计方法的甄选。在工具变量的选取方面，本书使用内生变量的滞后二阶项作为工具变量，一方面"历史数据"已经发生，与随机扰动项可能不再相关，另一方面内生变量的滞后项与其自身存在较大关联，符合工具变量的选取原则。在估计方法的选择方面，2SLS 和 GMM 分别在同方差和异方差条件下最为有效，本书的估计过程如下：第一，对模型进行混合面板回归与 2SLS 回归，通过 Hausman 检验和 DWH 检验验证是否存在内生变量，其中 Hausman 检验和 DWH 检验的原假设均为"所有解释变量均为外生"，DWH 检验更适合存在异方差的情形。由于本书所选面板数据具有"T 小 N 大"特征，因此异方差问题基本存在，故而笔者在参考 Hausman 检验和 DWH 检验的基础上更加注重 DWH 方法的检验结果。第二，若存在内生性，分别进行 2SLS 和

GMM 估计，选取估计结果更好的模型，本书通过比对发现二者回归结果相似，稳健性较强。相反，如果检验结果接受了原假设，说明解释变量外生，则不需要进行内生性处理。

如表 3-16 所示，模型（1）—（3）的核心解释变量为代表赶超战略的技术选择指数（TCI），模型（4）—（5）则为区域发展战略。按照前文所述，本书首先对包含赶超战略的方程进行 OLS 回归，即模型（1），接着本书考察核心解释变量的内生性，DWH 检验结果接受了变量外生的原假设，因此赶超战略为外生变量。为了保障估计的稳健性以及便于比较，本书以核心解释变量的滞后二阶项作为工具变量，采用 2SLS 和 GMM 方法对原方程进行了估计，结果如模型（2）和模型（3），结果也支持了核心变量外生的原假定。结果表明，赶超战略并没有给地区经济发展带来显著的正向促进效应。模型（4）和模型（5）的区别在于是否控制地区和时间变量，可以看出，相比模型（4），模型（5）在控制了地区和时间哑变量后，控制变量的系数并没有出现符号上的根本变化，东部率先发展战略使东部地区经济水平显著高于其他区域，西部大开发、东北振兴和中部崛起战略的实施在促进经济水平提高的同时，也使本地区平均经济水平较其他区域（包括东部）的差距有所拉大。

表 3-16　模型参数估计结果

被解释变量：lnpgdp					
	模型（1）	模型（2）	模型（3）	模型（4）	模型（5）
tci	0.003 0 (0.005 1)	0.005 4 (0.010 5)	0.005 7 (0.010 2)		
lnhr	0.544 4 *** (0.112 6)	0.414 3 *** (0.1040)	0.414 3 *** (0.111 2)	2.186 5 *** (0.135 3)	0.530 9 *** (0.112 0)
urban	1.612 5 *** (0.208 9)	2.042 3 *** (0.249 1)	2.045 3 *** (0.284 6)	1.588 5 *** (0.154 0)	1.487 1 *** (0.215 5)
ssoe	−0.459 0 *** (0.054 5)	−0.545 2 *** (0.056 5)	−0.546 2 *** (0.068 0)	−0.876 2 *** (0.085 8)	−0.477 0 *** (0.054 7)
lnfdi	0.003 0 (0.007 6)	0.005 5 (0.007 6)	0.005 6 (0.007 9)	0.085 6 *** (0.012 5)	0.005 6 (0.007 6)
gov	−0.405 2 *** (0.105 8)	−0.358 8 *** (0.094 4)	−0.359 0 *** (0.117 8)	1.300 2 *** (0.148 2)	−0.409 9 *** (0.105 0)
lm	−0.117 2 *** (0.025 9)	−0.116 9 *** (0.028 5)	−0.116 9 *** (0.038 0)	−0.029 1 ** (0.013 9)	−0.111 5 *** (0.024 4)
km	0.078 8 *** (0.024 5)	0.047 3 * (0.024 5)	0.047 4 * (0.028 6)	0.097 7 *** (0.027 8)	0.105 2 *** (0.026 4)

表3-16(续)

被解释变量：lnpgdp

	模型（1）	模型（2）	模型（3）	模型（4）	模型（5）
bias	−0.006 5	0.000 9	0.000 9	−0.099 6***	−0.007 0
	(0.012 8)	(0.013 8)	(0.007 2)	(0.032 2)	(0.012 7)
east				0.221 9***	0.223 5***
				(0.041 9)	(0.063 6)
west				0.312 0***	−0.245 2***
				(0.035 2)	(0.070 7)
northeast				0.193 2***	−0.037 7
				(0.046 5)	(0.029 4)
central				0.082 4*	−0.045 3**
				(0.043 0)	(0.018 1)
Cons	−1.481 8***	−1.346 6***	−0.489 1	−5.304 8***	−1.587 0***
	(0.264 2)	(0.281 9)	(0.323 8)	(0.248 6)	(0.240 6)
Adj-R²	0.990 2	0.995 7	0.991 7	0.882 8	0.990 3
不可识别检验		103.671***			
弱工具检验		60.139**			
Sargan 检验		0.874 3	0.844 1		
内生性检验			0.005 4		
			(0.941 2)		
地区控制	控制	控制	控制	不控制	控制
时间控制	控制	控制	控制	不控制	控制
估计方法	OLS	IV	GMM	OLS	OLS

注：在模型（2）中，不可识别检验报告的是 Kleibergen-Paap rk LM 检验的 P 值，弱工具检验报告的是 Cragg-Donald Wald rk F 统计量，Sargan 检验报告的是 P 值。在模型（3）中，内生性检验报告的是 CMM C 统计量及相应 p 值，原假设为变量外生。*** p<0.01，** p<0.05，* p<0.1。

第四节　本章小结

本章为发展战略与地区非平衡发展的一般性分析。在研究中，本书将发展战略分为赶超战略和区域发展战略，前者为地区资本密集型产业的优先发展程度，后者为东部率先发展战略、西部大开发战略、东北振兴战略和中部崛起战略。接着，本章选取省级、市级和中部地区县级三套数据，借助趋同指数和收敛指数对地区非平衡发展进行了刻画。泰尔指数、σ 趋同指数和 β 趋同指数均表明我国地区之间整体区域收敛，地区间差异是导致我国省域差异的主要原因，地区内差异是导致我国市域差异的主要原因。最后，基于理论模型分析，本书构建了发展战略对地区发展影响的实证模型，结果表明赶超战略对地区经济增长的正向效应并不显著，东部率先发展战略的实行显著推动了东部地区经济发展，但是西部大开发、东北振兴及中部崛起战略的落实并没有明显缩小本地区与其他地区（包括东部）之间经济发展水平的差距。

第四章　空间重构：区域发展战略与发展格局重塑

　　前文从时间的视角审视了不同省份经济收敛或发散的差异性特征。我们发现，随着时间的推移中部地区整体表现出收敛态势，加之中部崛起战略对中部地区经济增长的效用有一定的提升，因此本书还希望从空间的视角捕捉发展战略对地区空间格局的影响。此外，打破行政界线和市场分割，探索行政区与经济区适度分离是当前我国加快建设统一大市场的重要举措，优化空间格局成为中部地区推动高质量发展的重点任务之一。本章将借助人口加权变异系数、ESDA 技术、空间截面模型和空间 Durbin 模型探讨中部崛起战略实施前后中部地区经济地理格局的变迁及相应的内在机理。

第一节　区域规划引领：资源再配置到空间重构

　　2016 年 12 月 20 日，国家发展改革委印发《促进中部地区崛起"十三五"规划》，明确了中部地区"一中心、四区"的发展定位，强调了中部地区打破行政界线和市场分割的战略任务，突出了优化空间格局、协调区域发展、加强区域合作的战略要点。本书在本章下文部分考察规划实施前后中部地区经济格局的空间演化形态。

　　空间要素对区域经济增长格局具有重要影响，且容易形成基于要素禀赋条件的俱乐部趋同或是条件趋同（Barro and Sala-i-Martin, 1991[①]; Chen and

---

① BARRO R, SALA-I-MARTIN X. Convergence across states and regions [J]. Brookings papers on economic activity, 1991 (1): 107-182.

Fleidher，1996①）。以主体功能区为主体架构，我国区域性"发展俱乐部"不断涌现，区域次区域一体化和城市群发展战略持续推进。2016 年以来，京津冀一体化、长江三角洲城市群、长江中游城市群等一系列影响我国发展格局的规划出台为我国新常态下经济发展提供了强劲动力和强大支撑。以长三角城市群为例，安徽省部分城市融入长三角城市群不仅扩大了长三角经济腹地，也形成了合肥城市圈、南京都市圈等重要战略支点，培育出更具竞争力的增长次区域，也使得中部地区连南接北、承东启西的效用更加突显。

有关空间格局的研究可以追溯到农业区位论。学术界真正开展对空间格局的考察起步于 20 世纪 80 年代，这一时期多以土地及其上的附着物为研究对象，极少数的研究以城市为研究对象（Odland and Barff，1982；Fujita，1982）②③。20 世纪 90 年代以来，Krugman（1991）④ 等人将空间因素纳入一般均衡的分析框架，新经济地理学的不断繁荣使得对空间格局的分析从自然科学领域逐渐渗透到社会科学领域。其中，有关空间格局演进机制的研究相对较少，且方法各异。结合现有研究，本书认为仍存在两个方面可以进一步拓展的领域：第一，中国中部地区空间格局及其演进机理尚没有受到学者关注，鲜有相关方面的研究；第二，缺乏完善、规范的空间增长机制分析框架。GWR 模型可以考察变量关系随地理位置不同而产生的变化，然而对于面板数据的估计仍不完备。王建康等（2016）⑤ 虽然运用空间经济学的典型模型（SAR、SEM）以及空间面板模型对影响空间经济格局演进的因素进行了分析，但是仍存在需进一步完善的地方：一是忽略了特定时间下的固定效应，即截面特征；二是设计模型考察了一些因素对经济增长的作用，但是没有考察地区之间的作用机理，即空间相关性；三是空间杜宾模型（SDM）忽略了效应研究（Effects）。

———————————

① CHEN J, FLEISHER B. Regional income inequality and economic growth in China ［J］. Journal of comparative economics, 1996, 22（2）: 141-164.

② ODLAND J, BARFF R. A statistical-model for the development of spatial patterns: applications to the spread of housing deterioration ［J］. Geographical analysis, 1982, 14（4）: 326-339.

③ FUJITA M. Spatial patterns of residential development ［J］. Journal of urban economics, 1982, 12（1）: 22-52.

④ KRUGMAN P. Increasing returns and economic-geography ［J］. Journal of political economy, 1991, 99（3）: 483-499.

⑤ 王建康，谷国锋，姚丽，等. 中国新型城镇化的空间格局演变及影响因素分析——基于285个地级市的面板数据 ［J］. 地理科学, 2016, 36（1）: 63-71.

Lesage and Pace（2009）① 因为空间滞后项的存在将总效应区分为直接效应和间接效应。因此，本章可能在两方面做出拓展：第一，以中国中部地区市域单元为研究对象，考察经济的空间格局及演进机理；第二，规范分析思路，在空间相关性可视化的基础上，基于空间和时间语境探讨经济空间格局的演化趋势及影响因素。

从新经济地理学的视角来看，优化空间格局的战略任务客观要求重视经济发展的空间要素，精准、细化经济地理形态，培植核心区与外围区的良好发展生态，避免"塌陷现象"和过度的"虹吸效应"。因此，扩散效应和回流效应的处理是空间格局发展需要关注的焦点。本章尝试解析中部地区市域范围的空间格局，为确保中部地区未来较长时期内的高质量发展提供支撑。

第二节　研究方法与数据来源

本章尝试弱化行政界限，以经济增长的空间要素为考量标准，通过空间相关性考察中部地区经济一体化分布格局与演化趋势。从中部全局来看，省会城市均是区域的经济增长极，如武汉、长沙等。然而，本书仍然感兴趣的是，微观层面能否找到次增长极，以带动增长极辐射漏缺的区域发展，一方面可以有效缓减主要核心城市压力，另一方面可以实现经济增长空间格局的优化，减少经济塌陷区的产生。因此，本章选取中部六省地市级单位进行研究，具体包括山西省 11 个地域单元、河南省 18 个地域单元、湖北省 17 个地域单元、湖南省 14 个地域单元、安徽省 16 个地域单元以及江西省 11 个地域单元，共计 87 个地级及以上城市，具体区域如图 4-1 所示，相关数据来自《中国城市统计年鉴》《中国统计年鉴》等。本章整体以"由浅到深"的思路展开研究。首先，通过观察区域发展非平衡指数（人口加权变异系数）初步推断地区的集聚和离散趋势；其次，借助 ESDA 技术和空间截面模型探讨空间格局演进过程；最后，借助空间杜宾模型（SDM）分析经济增长的驱动因子及运行机制。

---

① LESAGE J P，PACE R K. Introduction to spatial econometrics ［M］. BocaRaton：CCR Press，2010.

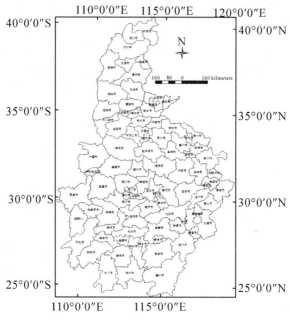

图 4-1　中部地区市域单位分布图

第三节　空间格局重构的中部地区案例

一、区域空间格局初探

本书在前述部分对区域非平衡指数进行了测度，指出该指数在一定程度上可以反映地区经济在空间上的集聚和离散状况，阐明空间集聚较之空间离散显著，则不平衡指数上升，反之则下降。并且，本书选取泰尔指数、趋同指数以及收敛指数等对地区非平衡指数进行了测度。本章进一步选择人口加权变异系数对区域不平衡程度进行测量，以初步考察区域经济发展的空间格局。人口加权变异系数由 Akita and Miyata（2010）[①] 提出，与传统指标不同的是，该指标将空间与收入两个方面统一起来对区域不平等进行分析，公式如下：

$$uneq = cv\,(y)^2 = \frac{1}{\bar{y}^2} \sum_{i=1}^{m} \sum_{j=1}^{h_i} \frac{n_{ij}}{n} \left(\overline{y_{ij}} - \bar{y}\right)^2 \qquad (4-1)$$

---

① AKITA T, MIYATA S. The bi-dimensional development of regional inequality based on the weighted coefficient of variation［J］. Letters in spatial and resource science, 2010, 3（3）: 91-100.

在上式中，uneq 为地区分布不均衡指数，$\bar{y}$ 表示考察区域人均 GDP，n 为考察区域总人口数，n_{ij} 为 i 区域 j 市人口，$\overline{y_{ij}}$ 为 i 区域 j 市人均 GDP，通过计算可得表 4-1。在测算过程中，本书选取 2000—2015 年为考察时期，并通过消费者价格指数（CPI）以 2000 年为基期进行平减。需要说明的是，由于巢湖市在 2011 年后划归合肥市管辖，本书在研究过程中并没有将该地区纳入考量范围。此外，湖北省直管县级市（仙桃市、天门市、潜江市、神农架林区）在统计人口信息时出现较大偏误，主要是人口数据在多个年鉴或统计公报中均存在统计口径不统一的现象，如在 2002—2005 年统计的人口数为户籍人口数，其余年份则为年末人口数或者常住人口数，2015 年以来则又以户籍人口数作为标准进行统计，从最近几年（如 2016 年《湖北省统计年鉴》）的统计数据可以看出，三种统计口径尤其是户籍人口与常住人口之间存在较大差距，为了统一口径，本书的做法是以统计公报公布的人均 GDP 为准，若统计年鉴或统计公报公布了当年的常住人口数，则以 GDP 和常住人口数的比值作为人均 GDP，否则进行平滑处理得到人均 GDP。

表 4-1　中部地区地市级层面不平衡指数

年份	2000	2001	2002	2003	2004	2005	2006	2007	2008	2009	2010	2011	2012	2013	2014	2015	2016
Uneq	0.220	0.234	0.238	0.239	0.236	0.257	0.261	0.254	0.267	0.288	0.258	0.247	0.255	0.261	0.266	0.279	0.311

数据来源：《中国城市统计年鉴》（2001—2017 年）、EPS 统计平台以及相应城市历年统计公报等。

从表 4-1 可以看出，中部地区地级市层面的不平衡指数整体处于 [0.22，0.32），考察期内，中部六省经济增长不平衡程度整体呈现上升趋势，仅在 2006—2007 年和 2009—2011 年呈下降趋势，2011 年之后，地区不平衡指数又出现反弹，开始缓慢上升，但上升幅度整体上较小。因此，中部地区在考察期内整体上呈现集聚加剧的趋势，而这种集聚是相对缓慢的，不平衡指数相对稳定。

二、地区发展水平空间演变趋势

ESDA（exploratory spatial data analysis）是空间探索技术的简称，可以较好地反映经济数据在地理空间的表现情况及演变过程。由于《促进中部地区崛起规划》是在 2006 年出台，2016 年《促进中部地区崛起"十三五"规划》另有出台，鉴于地区经济空间结构在较长时间内难以出现根本性转变，因此本章首先给出了 2000 年和 2016 年中部地区各地级市的经济发展水平梯度表现图（见图 4-2、图 4-3）。通过比较 2000 年和 2016 年空间分布图，不难发现以下

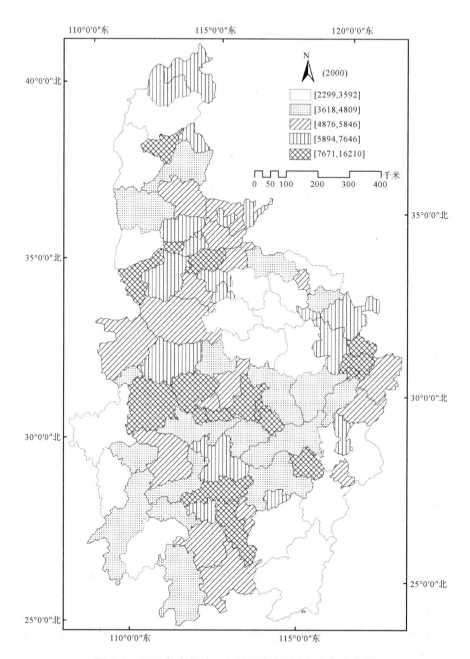

图 4-2 2000 年中部地区市域经济发展水平空间分布图

区域发展战略对地区经济增长的影响研究：空间重构、发展动态与资源错配

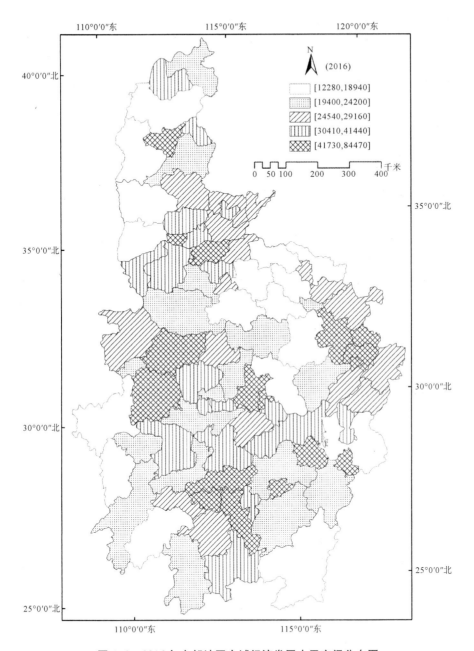

图4-3　2016年中部地区市域经济发展水平空间分布图

特征：第一，最高水平的第一梯队地级市数量明显减少。在 2016 年的经济水平空间分布图中，第一阶梯（网格状）的地区数量明显减少，其他区域则明显增多，这也符合第一部分不平衡指数出现上升的结论。2000 年，处于经济发展水平最高的第一梯队的地级市包括马鞍山、芜湖、铜陵（安徽省）、宜昌、荆门、潜江、仙桃、武汉、鄂州、黄石（湖北省）、株洲、长沙（湖南省）、三门峡、济源、郑州（河南省）。2016 年，河南省三门峡市、湖北省襄阳市、潜江市、仙桃市、黄石市较之第一梯队增速相对较慢退出第一梯队进入第二梯队，湖北省荆门市、湖南省湘潭市则由第二梯队上升至第一梯队，江西省鹰潭市由 2000 年的第三梯队升至第一梯队。其他较为明显的还有山西省大同市由第二梯队降至第四梯队等。第二，2000—2016 年，处于较低水平的中部地区地级市多处于集中连片分布状态。这些区域主要位于河南省东部、安徽省西部，湖南省、湖北省的西部地区以及山西省的西部地区，这些区域在 2000 年和 2016 年均为经济发展水平空间分布最低的区域。整体上而言，山西省整体发展较慢，河南省、湖北省和湖南省均形成了一定的经济聚集区，安徽省的东部地区也出现一定的经济集聚，但高水平发展地区较少。

三、空间相关性检验

本部分通过测度中部地区地级市层面的全局莫兰指数和局部莫兰指数来阐释空间相关性特征，检验是否存在地域性的经济增长外溢效应。本书首先按照 Queen 邻近的原则生成空间权重矩阵，而后对 Moran's I 指数进行测度。结果表明，考察期内，全局莫兰指数表明空间相关性较强，且均通过了 Z 值检验，2000 年为 0.131 7（$Z = 2.085\ 3$，$Z > 1.65$），2016 年为 0.126 4（$Z = 2.072\ 2$，$Z > 1.65$），空间相关性明显。与全局莫兰指数相比，局部莫兰指数对地区经济地理状况有较好的表述，本书进一步通过局部莫兰指数解析经济发展在地理上的空间表现。结合 2000 年和 2016 年的局部 LISA 图（见图 4-4、图 4-5），可以清晰地看出经过十余年的发展，中部地区地级市之间的经济空间格局变化并不大，仅有少数省份在 LISA 图中的分布出现变化。图 4-4、图 4-5 中将各地区划分为 H-H、L-H、L-L 以及 H-L 四个区域。其中前者代表自身发展情况，后者表示相邻区域发展情况，如"H-H"表示自身及周围区域发展均好。从图 4-4、图 4-5 中，我们可以大致描绘出经济发展情况较好的区域：山西中部、北部，河南中部，湖北大部分区域，湖南西北部，安徽东部以及江西的少数区域。不难发现，考察区域内，有连片的区域处于 L-L 区域，欠缺区域性的增长极，从 2016 年的经济空间分布图来看，在 2000 年中一些发展较好的地

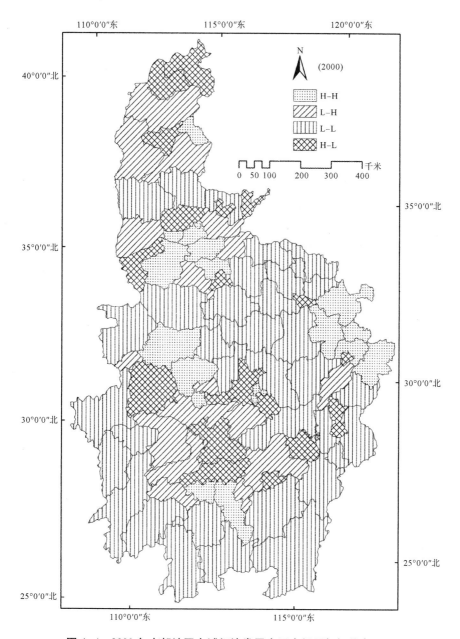

图 4-4　2000 年中部地区市域经济发展水平空间局部相关表现图

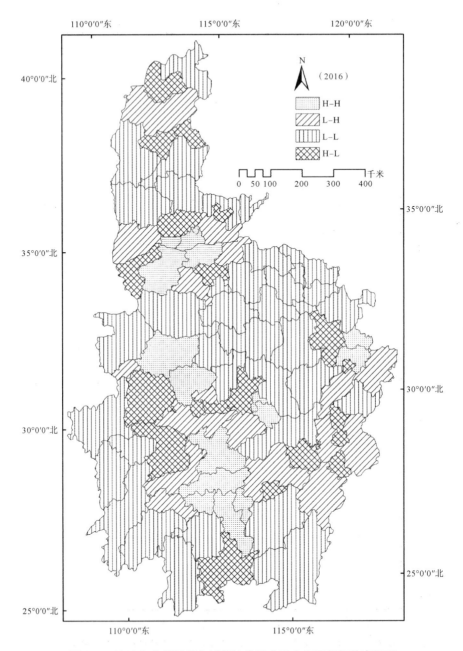

图 4-5　2016 年中部地区市域经济发展水平空间局部相关表现图

区域发展战略对地区经济增长的影响研究：空间重构、发展动态与资源错配

级市不但没有拉动临近区域发展，反而使临近区域可能表现出增长迟滞，如荆州、漯河、濮阳、滁州、大同。同样变化比较典型的区域是合肥-滁州-马鞍山-芜湖-铜陵-宣城这一经济增长区，在 2000 年这一地区发展较为均衡且水平相对较高，而到 2016 年，马鞍山市、芜湖市以及铜陵市集聚增长效应明显，与其他地级市发展差距拉大。本书具体列出了 16 年内不同地级市所属类型的变化情况见表 4-2。综合来看，中部地区地级市之间形成了多个增长圈：第一，太原-阳泉；第二，晋城-济源-焦作-洛阳-郑州-许昌-三门峡；第三，武汉-鄂州-黄石-湖北省直管 3 市-荆门-襄阳-宜昌-常德；第四，岳阳-长沙-湘潭-株洲-萍乡-郴州；第五，淮南-滁州-合肥-马鞍山-芜湖-铜陵-宣城。江西省则多成点状分布：景德镇、南昌、新余湘潭，而在这些区域周围则连片分布着经济增长水平较低的地级市。这些区域也形成"十三五"时期区域经济增长的重要战略高地。本书进一步对这些区域进行分析，结果如表 4-3 所示。

表 4-2　2016 年相比 2000 年四分位区域变更表

类型	出	入
H-H	许昌、合肥、宣城、潜江、阳泉、滁州	黄石、岳阳、长沙、萍乡
L-H	常德、萍乡	宣城、上饶、抚州
L-L	上饶、鹰潭、抚州、郴州	大同、濮阳、漯河、滁州
H-L	大同、濮阳、漯河、黄石、岳阳、长沙	阳泉、许昌、合肥、鹰潭、潜江、常德、郴州

注：依据 LISA 象限图整理而得。

表 4-3　2000 年与 2016 年重点增长区域与主体增长城市所属省份空间相关性分析结果

	区域1	(1)	区域2	(2)	区域3	(3)	区域4	(4)	区域5
2000	-0.964 4**	-0.503 7	-0.603 7	0.276 7*	-0.133 0	-0.102 7	-0.290 1	0.446 8***	0.053 3
	(-2.085 2)	(-1.603 6)	(-1.548 6)	(1.804 7)	(-0.152 9)	(-0.397 8)	(-0.435 5)	(2.950 4)	(1.136 8)
2016	-0.957 6**	-0.536 8*	-0.483 1	0.316 7*	-0.052 7	-0.134 5	-0.306 1	0.328 4***	-0.023 5
	(-2.210 7)	(-1.665 5)	(-1.018 1)	(1.953 1)	(0.353 2)	(-0.664 4)	(-0.524 6)	(2.628 1)	(0.742 3)

注：表中（1）—（5）分别为文章上文甄别出的增长区域，区域1—区域5分别为增长区域主体部分所属省份，即山西、河南、湖北、湖南、安徽。由于江西省多为点状增长，故文章在此没有列出。（1）中包含了太原城市群所包含的地级市。括号中为莫兰指数的 Z 值，*** $p < 0.01$，** $p < 0.05$，* $p < 0.1$。

需要说明的是，莫兰指数为正表明经济地理在空间上存在正相关，即空间上相似值出现集聚。具体而言，莫兰指数为正即为高值与高值区域集聚、低值与低值区域集聚；相反，若为负则说明空间异质性较为严重，表现为高值区域与低值区域集聚较为明显。在表 4-3 中，本书列示了上述梳理出的 5 个主要增长区域及相应主体城市所在省份的空间相关性。5个增长区域的选取主要是依据 2000 年和 2016 年的经济发展 LISA 集聚情况而得出，若考察期初和考察期末的 LISA 范围不同，则选取范围更为宽泛的区域。从分析结果可以看出，第一，区域（1）由于此处考察了包括太原-阳泉在内的整个太原城市群地级市，因此该区域的空间相关性结果显著为负，表明该区域表现为高值和低值区域集聚。除此之外，其他增长区域也多为负数，但空间相关性并不明显。第二，本书接着考察了 5 个省份的空间相关性，结果表明，山西和湖北两省的空间性系数为负，但是仅有山西省在 2016 年显著，表明山西省整体上呈现高值区域与低值区域交错分布的发展格局。河南、湖南和安徽三省则显著为正，说明高值区域和低值区域具有明显的界限，测度结果与前文可视化图谱所展示的经济发展分层图相符，主要集聚在河南省东部、湖南省南部以及安徽省的东部地区，此外，低值区域也呈现出连片的带状发展模式。可以看出，中部地区地级市之间仍是以空间集聚为主。那么，中部地区地级市之间是否确实存在发展趋同还是经济增长趋异呢？本书接下来进一步进行分析。

四、集聚还是扩散——理论与空间模型解析

本部分首先给出一个简单的理论分析模型。假定 2000 年为考察区域初始年份。考虑到地域要素禀赋的不同，各地区依托比较优势形成各自的产业结构，产业结构在一定时间内决定了区域的经济增长，而产业结构在长期内是可以实现调节的。因此，可以解释 2000 年图中的经济增长区域，很明显，当一种禀赋资源的优势出现下降后，地区产业结构所能带来的经济利好就会出现下滑，从而地区产业在地区经济增长中的作用就会有变化，但是这种变化是相对缓慢的。

假定存在两个要素禀赋相同地区，由于行政级别不同而达成某种契约：甲地区由于具有行政先行条件，乙地区同意甲地区优先发展，甲地同意在一定时间点开始反哺乙地，并对使用的资源进行补偿，本书假定资源在此可量化，并且补偿率为 w，由于甲地行政级别较高，因此乙方无权决定甲方何时对乙方输出要素。此时，我们仅需要通过看甲地发展所需资源量就可以知道甲地何时输出乙地。

由于资源假定可以量化，故在此假定甲地生产函数为：

$$y = A \, r^{\beta} \tag{4-2}$$

依据假设，甲地生产的利润函数可以记为：

$$z = p \times A \, r^{\beta} - r \times w \tag{4-3}$$

依据利润最大化条件，对上式求导可以得到：

$$r = \frac{\beta \times p \times y}{w} = \frac{\beta \times z}{w} \qquad (4-4)$$

可以看出，资源的使用量由产出收入、产出弹性以及劳动力价格综合决定，如果我们换算成增长率的话，将得到如下公式：

$$\ln r = \ln \beta + \ln z - \ln w \qquad (4-5)$$

因此，所用资源产生的产出弹性和收入的变动率之和大于对资源的补偿增长率，那么甲地就会一直增加资源的使用。这里存在两种情况：一种是如果规模报酬递增，那么任何情况下甲地只会发展自身而忽略乙地发展需求；另一种是出现规模不经济或者要素成本永久性上升，那么甲地使用要素的数量会出现减少。一般而言，城市随着工业化发展会出现规模经济，而乙地在短期内则只能依靠来自甲地的资源补偿。可以说，短期内经济的发展以甲地集聚为主，只有当乙地形成规模效应，"虹吸效应"增强的时候，经济扩散会成为主要经济现象。

为了证明上述理论分析，本书设定相应的空间计量模型对所考察区域进行分析。借助空间滞后模型（SAR）、空间误差模型（SEM）重点考察期初和期末的相互关系，具体回归方程如下：

$$\bar{y} = \alpha + \beta y_0 + \rho \omega \bar{y} + \varepsilon \qquad (4-6)$$

$$\bar{y} = \alpha + \beta y_0 + \mu, \ \mu = \lambda \omega \mu + \varepsilon \qquad (4-7)$$

在上式中，$\bar{y}$ 表示研究时间段内的平均增长率或年末经济发展水平，y_0 为初始人均 GDP，ε 符合正态分布，借助 Matlab R2014b，以全部市域单元为对象进行估计，结果如表 4-4 所示。为了分析的充分性，本书分别以年末经济发展水平和平均经济增长率作为被解释变量。从估计结果来看，空间误差项系数均不显著，表明在该阶段没有能对经济产生影响的随机性因素。此外，初始经济发展水平对年末经济发展水平有显著的正向影响，而当被解释变量为经济增长率时则表现不显著，表明考察期初经济绝对值较高的区域在年末经济发展绝对值也相对较高，然而期初较高的经济发展水平并不能保障较高的经济增长率。

表 4-4 参数估计结果

被解释变量：gdp16				被解释变量：$\bar{y}$			
方程序列	方程 1 SAR	方程 2 SEM	方程 3 OLS	方程序列	方程 4 SAR	方程 5 SAR	方程 6 OLS
W_gap16	−0.010 0 (0.080 7)	—	—	W_$\bar{y}$	−0.056 5 (0.067 4)	—	—
Constant	0.252 7 (0.288 5)	0.238 2 (0.194 9)	0.225 7 (0.186 0)	Constant	0.112 6 *** (0.008 2)	0.106 5 *** (0.003 6)	0.106 3 *** (0.003 5)
y_0	4.860 6 *** (0.289 9)	4.854 1 *** (0.292 4)	4.859 1 *** (0.293 2)	y_0	−0.006 5 (0.005 6)	−0.005 6 (0.005 5)	−0.005 5 (0.005 5)
Lambda	—	0.199 6 (0.146 3)	—	Lambda	—	0.137 9 (0.150 8)	—
R^2	0.763 7	0.770 0	0.763 6	R^2	0.002 0	0.024 2	0.011 5
Log Likelihood	−89.340 2	−88.534 6	−89.348 2	Log Likelihood	256.996	257.026 5	256.644
AIC	184.680	181.069	182.696	AIC	−507.992	−510.053	−509.287
SC	192.078	186.001	187.628	SC	500.594	−505.121	−504.355

注：表中括号内为标准误，*** p<0.01，** p<0.05，* p<0.1。gdp16 表示 2016 年经济发展水平，下同。Log Likelihood（Lik）、AIC、SC 为检验模型拟合度指标，Lik 指标越大越好，AIC、SC 越小越好。

为了进一步揭示区域内部空间演变机制，本书选取表 4-3 中聚集区域以及聚集区域主体部分所在省份进行分析。选取年末经济发展水平（gdp16）及考察时段平均增长速度（zzl）作为被解释变量，估计结果如表 4-5 所示。结合估计结果，可以得到以下结论：第一，区域 1 和（1）地区数据拟合较好，初始经济发展水平较好的区域在期末经济发展水平也较高，但是期初经济发展水平较好的地区经济增长速度在考察期内通常会下滑，同时也会导致邻居区域经济发展水平出现衰退。此外，空间误差模型的估计结果则说明可能存在一些导致经济发展水平衰退的随机性因素。第二，区域 2 和（2）地区也同样具有期初水平高的地区期末经济发展水平也较高的特点，但是期初发展水平高的地区虽然可能会导致经济增长速度下滑，但是这种效应并不显著。此外，虽然一些随机性因素对区域（2）聚集区带来较大副作用，但是对整个河南省的副作用较小。然而较为明显的是，邻居区域经济的增长会给目标区域经济增长带来负向影响。第三，区域 3 和（3）的集聚效应较为明显，湖北省邻居区域经济增长也会带动目标区域经济增长，其余则具有较大的不确定性。第四，区域 4 和（4）经济发展水平较好的区域在年末也发展较好，期初经济发展较好的区域经济增长速度也相对较快，从而邻居区域经济水平的提升会伴随着目标区域

表 4-5　特定区域估计结果（被解释变量 Gdp16）

	因变量：Gdp16	区域 1	(1)	区域 2	(2)	区域 3	(3)	区域 4	(4)	区域 5	(5)
	W_gdp16	-0.643 0*** (0.168 5)	-0.481 9* (0.272 6)	0.046 0 (0.146 4)	0.132 6 (0.118 5)	0.070 8 (0.244 0)	0.210 7 (0.171 3)	-0.129 0 (0.163 7)	-0.255 3** (0.115 6)	-0.332 0* (0.176 9)	-0.249 1 (0.169 1)
	Constant	2.922 2*** (0.581 5)	1.936 4** (0.833 4)	0.491 5 (0.981 4)	-0.128 5 (0.317 2)	-0.009 3 (1.824 0)	-0.846 9 (0.303 9)	-0.982 5 (1.616 4)	-0.639 0* (0.331 3)	0.477 1 (1.304 6)	0.974 4* (0.547 6)
程方 7	gdp00	2.802 7*** (0.199 7)	3.303 2*** (0.448 7)	4.228 1*** (0.595 9)	4.540 6*** (0.350 8)	4.725 7*** (1.188 3)	5.295 2 (0.533 0)	8.446 1*** (1.203 1)	8.327 9*** (0.507 4)	5.482 6*** (1.521 8)	4.502 6*** (0.629 2)
	R^2	0.993 9	0.890 5	0.914 2	0.929 5	0.838 0	0.897 5	0.922 3	0.959 4	0.628 7	0.745 8
	Lik	4.662 1	-3.125 2	0.679 0	-2.408 1	-7.824 9	-12.204 5	-4.257 4	-5.363 9	-8.520 4	-15.825 9
	AIC	-3.324 1	12.250 4	4.642 0	10.816 3	21.649 7	30.409 0	14.514 8	16.727 7	23.040 7	37.651 8
	SC	-4.495 8	13.444 1	4.479 7	13.487 4	22.241 4	32.908 6	13.890 1	18.644 9	22.878 4	39.969 6
	Constant	0.759 5*** (0.149 3)	0.581 5*** (0.198 5)	0.626 4* (0.003)	0.009 3 (0.164 1)	0.563 1 (0.571 9)	0.152 2 (0.292 8)	-2.389 2*** (0.788 1)	-0.989 2*** (0.199 7)	0.413 8 (1.548 2)	0.448 5 (0.397 0)
	gdp00	3.354 5*** (0.235 8)	3.585 8*** (0.355 9)	4.332 4*** (0.406 7)	4.959 1*** (0.266 1)	4.365 9*** (0.643 0)	4.771 7*** (0.406 5)	9.266 2*** (0.972 6)	7.499 6*** (0.345 4)	4.251 3*** (1.875 0)	4.279 1*** (0.648 2)
程方 8	Lambda	-0.356 7 (0.595 9)	-0.834 7** (0.352 2)	-0.865 0*** (0.256 9)	-0.444 0 (0.319 9)	-0.121 9 (0.321 5)	-0.130 6 (0.325 2)	-0.667 1** (0.329 1)	-0.648 1* (0.364 5)	0.013 3 (0.349 3)	-0.112 2 (0.336 3)
	R^2	0.980 6	0.928 1	0.960 8	0.932 2	0.840 1	0.892 1	0.949 0	0.956 9	0.429 5	0.707 2
	Lik	1.976 2	-1.229 0	2.352 2	-2.439 2	-7.789 1	-12.573 7	-3.488 8	-6.369 1	-9.808 3	16.853 1
	AIC	0.047 5	6.458 0	-0.704 4	8.878 3	19.578 3	29.147 4	10.977 6	16.738 2	23.616 7	37.706 2
	SC	-0.733 6	7.253 8	-0.812 6	10.659 1	19.972 7	30.813 8	10.561 1	18.016 3	23.508 5	39.251 4

表4-5（续）

因变量：zzl		区域1	(1)	区域2	(2)	区域3	(3)	区域4	(4)	区域5	(5)
程方9	W_zzl	0.245 6 (0.466 2)	-0.580 9 (0.380 5)	-0.714 8** (0.300 6)	-0.541 2* (0.312 6)	0.200 6 (0.249 1)	0.155 9* (0.184 5)	-0.372 7 (0.343 2)	-0.381 4 (0.315 6)	-0.347 6*** (0.09)	-0.259 9** (0.107 4)
	Constant	0.096 1** (0.044 8)	0.167 3*** (0.036 8)	0.178 8*** (0.029 7)	0.156 7*** (0.031 7)	0.057 1 (0.046 4)	0.073 5 (0.026 4)	0.138 3*** (0.043 6)	0.130 0*** (0.032 3)	0.104 5*** (0.018 1)	0.139 0*** (0.013 3)
	gdp00	-0.033 5*** (0.010 2)	-0.022 3* (0.011 4)	-0.004 4 (0.006 4)	-0.003 5 (0.006 7)	0.029 1 (0.030 8)	0.017 0 (0.015 9)	0.021 6* (0.012 2)	0.029 2*** (0.007 1)	0.023 3 (0.020 1)	-0.020 8* (0.010 8)
	R^2	0.704 0	0.435 4	0.579 8	0.191 6	0.078 7	0.057 4	0.493 0	0.526 8	0.568 3	0.376 6
	Lik	17.626 9	35.754 8	30.464 5	65.948 6	23.767 9	48.383 8	22.731 8	52.596 9	21.713 7	49.494 2
	AIC	-29.253 9	-65.509 6	-54.929 1	-125.897 0	-41.535 7	-90.767 6	-39.463 6	-99.193 9	-37.427 4	-92.988 4
	SC	-30.425 5	-64.316 0	-55.091 3	-123.226 0	-40.944	-88.267 9	-40.088 3	-97.276 7	-37.589 7	-90.670 7
程方10	Constant	0.123 9*** (0.006 4)	0.111 0*** (0.007 1)	0.106 2*** (0.006 2)	0.101 5*** (0.003 5)	0.095 7*** (0.015 9)	0.096 1*** (0.007 9)	0.090 8*** (0.009 7)	0.091 6*** (0.003 2)	0.101 8*** (0.025 8)	0.115 5*** (0.008 2)
	gdp00	-0.038 3*** (0.010 3)	-0.023 9* (0.012 4)	-0.004 8 (0.007 5)	-0.002 1 (0.005 7)	0.005 6 (0.018 4)	0.005 0 (0.011 2)	0.274** (0.012 0)	0.025 5*** (0.005 6)	-0.006 3 (0.031 0)	-0.022 3* (0.082 5)
	Lambda	-0.694 6 (0.519 8)	-0.524 7 (0.398 0)	-0.823 7*** (0.273 4)	-0.543 0* (0.083 3)	-0.337 1 (0.297 1)	-0.252 4 (0.323 5)	-0.614 4* (0.345 0)	-0.486 1 (0.379 7)	0.185 8 (0.329 8)	0.135 3 (0.309 9)
	R^2	0.758 3	0.411 4	0.609 8	0.185 8	0.147 8	0.065 4	0.573 0	0.535 7	0.034 4	0.133 6
	Lik	17.826 7	35.620 3	30.456 4	65.880 5	23.945 0	48.375 1	22.971 2	52.581 4	19.064 7	46.961 4
	AIC	-31.653 4	-67.240 5	-56.912 7	-127.761 0	-43.890 1	-92.750 1	-41.942 5	-101.163	-34.129 4	-89.922 7
	SC	-32.434 6	-66.444 8	-57.020 9	-125.98	-43.495 6	-91.083 7	42.358 9	-99.884 7	-34.237 6	-88.377 5

注：作者整理。

经济发展水平的相对滞后。此外，外生误差冲击对区域经济发展会有显著的阻滞作用。第五，对于区域5和（5）来说，期初经济发展好的地区经济发展水平在期末也相对较好，但是并没有显著影响区域5的经济增长速度，对整个安徽省则有显著影响。同时，区域5邻居区域经济发展水平或经济增长速度的提高均会导致目标区域相应经济指标的下滑，而安徽省省仅有经济增速方面的外溢效应。

通过上述分析，本书可以总结出考察期内中部地区市级单位经济发展的空间特征：第一，经济集聚明显，马太效应鲜明。从表中估计结果可以看出，虽然期初发展较好的区域在考察期内经济增速可能出现一定的下滑，但是这种效应仅体现在区域1、（1）以及（5）等少数区域，其余区域初始经济发展水平的系数为正或为负但不显著，区域5和（5）等大部分区域期初发展较好在期末也有较好的表现。第二，以经济发展的空间格局为依据，市域经济发展可能带来正向溢出效应，也可能导致邻居区域发展迟滞。从空间自相关模型的估计结果可以看出，在考察的10个区域中没有一例表现出邻居区域对目标区域经济发展水平的正向促进作用。在经济增长速度为被解释变量的空间自相关模型中，仅有（3），即湖北省表现为显著的正相关。具体而言，区域1、（1）、（4）、区域5邻居区域经济发展会带来目标区域经济发展水平的下滑，区域2、（2）、（3）、区域5、（5）邻居区域经济增速的提升会带来目标区域经济发展速度的下降。第三，在考察期内，中部地区地级市经济发展整体而言遭受的负外部性明显。

第四节　空间重构演进的机制分解

以上分析了中国中部地区空间格局形态及演变过程，然而对于空间格局演变的内在机理尚不明确，本部分主要阐释影响中部地区空间格局演变的主要因素及其作用路径。前文阐释的市域集聚区域与以省份为对象分析的结果较为一致，因此该部分文章选取省份面板数据2000—2016年的数据。鉴于前文中空间相关性指标（Moran's I）以及空间截面模型的分析，均可以看出空间相关性的存在。然而，对于空间截面模型，Lee and Yu（2010）[①] 指出空间滞后和空间误差模型所估计的方差存在不一致性，且忽视了直接效应和间接效应，并提出了通过空间 Durbin 模型修正，采用 Elhorst（2003）[②] 的估计方法会产生偏

① LEE L F, YU J. Estimation of spatial autoregressive panel data models with fixed effects [J]. Journal of econometrics, 2010, 154 (2)：165-185.

② ELHORST J P. Specification and estimation of spatial panel data models [J]. International regional science review, 2003, 26 (3)：244-268.

误，因此本部分采用空间杜宾面板模型，通过 Elhorst（2012）[①] 修正的 ML 估计方法。结合中部地区"一中心、四区"的发展定位，本书着重阐释产业结构（ST）、城镇化（URB）对中部地区经济发展的作用，并选择相关控制变量。相关数据主要源自城市统计年鉴及相关统计公报。需要说明的是，变量的统计中若出现统计口径不一致的现象，统一以（省/市）统计年鉴为准。估计方程如下：

$$\text{Ln gdp}_{it} = \rho \sum_{j=1}^{6} w_{it} \, \text{gdp}_{it} + \beta_1 \, \text{Lninv}_{pc} + \beta_2 \text{Lnlp} + \beta_3 \, \text{Lnexp}_{pc} + \beta_4 \, \text{lnfdi}_{pc} +$$

$$\beta_5 \text{Lnst} + \beta_6 \text{Lnurb} + \varphi \sum_{j=1}^{6} w_{it} \, x_{it} + \alpha_i + \eta_t + \varepsilon_{it} \tag{4-8}$$

根据上述模型，本书借助 matlab R2014b 软件对其进行估计。需要说明的是，本书在此为了更好地阐释空间要素对中部地区经济地理格局演变的作用，选取三种空间权重矩阵对影响空间格局的要素进行分析，分别是二进制邻接矩阵（0-1）、地理距离空间权重矩阵（地理距离倒数）以及经济距离空间权重矩阵（经济距离倒数），在构建上述空间权重的基础上，通过 matlab 软件对空间杜宾模型进行了估计，在每种空间权重矩阵下选取随机效应和固定效应两种模型，并通过 Hausman 检验和 Log-L 指标两者共同进行模型的最后判定和解释，相关计量结果如表 4-6 所示。

表 4-6　机制析结果

权重矩阵		二进制邻接矩阵	地理距离权重	经济距离权重	无空间权重矩阵	Year<2006	Year≥2006
直接效应	st	0.011 4 *** (0.001 7)	0.014 8 *** (0.001 4)	0.015 3 *** (0.001 6)	0.014 8 *** (0.001 6)	0.014 0 ** (0.005 9)	0.015 4 *** (0.001 9)
	urb	0.010 6 *** (0.003 7)	0.004 3 (0.003 6)	−0.000 9 (0.004 5)	−0.008 0 (0.004 9)	−0.007 5 (0.013 1)	0.008 1 (0.008 7)
	gov	−0.014 0 *** (0.002 7)	−0.011 7 *** (0.003 0)	−0.011 8 *** (0.003 7)	−0.014 1 *** (0.004 5)	0.014 0 (0.014 8)	−0.007 8 * (0.004 6)
	exp	0.001 0 (0.001 6)	0.002 1 (0.001 5)	−0.000 8 (0.002 1)	0.000 4 (0.002 0)	−0.018 3 (0.011 4)	0.004 7 ** (0.002 2)
	lninv	0.063 4 (0.040 5)	0.046 6 (0.040 6)	0.101 6 ** (0.047 1)	0.012 2 (0.058 3)	−0.073 8 (0.123 7)	0.288 8 *** (0.097 3)
	lntraffic	0.044 5 (0.030 5)	0.049 1 * (0.025 5)	0.039 5 (0.028 5)	0.043 9 (0.031 3)	−0.154 5 (0.104 2)	0.076 6 * (0.041 3)

① ELHORST J P. MATLAB software for spatial panels [J]. International regional science review, 2012, 37 (3)：389-405.

表4-6(续)

权重矩阵		二进制邻接矩阵	地理距离权重	经济距离权重	无空间权重矩阵	Year<2006	Year≥2006
间接效应	st	0.011 0*** (0.002 8)	0.004 9** (0.002 3)	0.004 3 (0.003 2)			
	urb	0.028 7*** (0.006 3)	0.037 6*** (0.006 2)	0.062 1*** (0.013 7)			
	gov	0.016 4*** (0.003 1)	0.013 6*** (0.003 2)	0.011 4** (0.004 6)			
	exp	0.001 1 (0.002 8)	0.001 3 (0.003 0)	−0.015 6** (0.006 3)			
	lninv	0.153 9** (0.067 9)	0.159 0** (0.063 1)	−0.053 2 (0.108 6)			
	lntraffic	−0.035 0 (0.045 9)	−0.029 8 (0.041 1)	0.051 6 (0.062 5)			
总效应	st	0.022 4*** (0.002 3)	0.019 7*** (0.002 0)	0.019 6*** (0.004 1)			
	urb	0.039 3*** (0.007 5)	0.041 9*** (0.006 4)	0.061 2*** (0.015 1)			
	gov	0.002 4 (0.001 9)	0.001 9 (0.001 5)	−0.000 4 (0.003 0)			
	exp	0.002 1 (0.003 8)	0.003 5 (0.003 4)	−0.016 4** (0.007 6)			
	lninv	0.217 3*** (0.067 8)	0.205 7*** (0.058 3)	0.048 4 (0.131 6)			
	lntraffic	0.009 5 (0.047 6)	0.019 3 (0.040 8)	0.091 0 (0.078 1)			
R^2		0.996 7	0.996 8	0.995 0	0.997 1	0.992 1	0.994 9
Log-likelihood		206. 223 0	205. 419 6	187. 155 2			
地区固定					固定	固定	固定
时间固定					固定	固定	固定
模型选择		固定效应	固定效应	固定效应	FE	FE	FE

注：*、**、*** 分别表示在10%、5%、1%水平下显著。

在表4-6中，本书分别选取含有空间权重矩阵的空间杜宾模型（SDM）和不包含空间权重矩阵的固定效应模型对机制进行了分析，最后通过以2006年为时间节点将考察时期分为两个时段分别进行了分析，以甄别中部崛起战略实施以来作用机制的变迁。从拟合优度的估计结果可以看出，以上模型对中部地区经济发展水平的动态变迁均具有较强的解释力。在空间杜宾模型的分析中，由于 Hausman 检验的 P 值为负，拒绝了原假设，因此三个空间权重矩阵下都选择固定效应模型进行解释。考虑到将参数系数估计结果整合到表格中会使表格较为冗长，为了便于分析，本书没有将系数估计结果整合到表 4-6 中，而仅将效应量列示于表中。从各要素对本区域的影响来看，三个空间权重矩阵下的估计结果基本一致。第一，解释变量估计结果分析，产业结构（st）的变动对本区域经济发展水平有显著的正向作用，然而本地区产业结构的调整在按照经济距离构建的空间权重矩阵的模型估计结果中显示其对相关区域的影响不显著，表明地区产业结构的变动会带动本区域和相邻区域的经济增长，但是区域产业结构具有一定的地区适宜性从而导致对其他区域经济增长的作用有限。城镇化（urb）具有明显的外溢特征，本区域城镇化水平的提升会显著促进相关区域经济发展。政府干预（gov）会造成本地区经济发展出现较大波动，但是会促进邻居区域发展。此外，本地区固定资产投资（inv）的增加也会带动地理接近区域经济发展。第二，发展战略的影响。本书在空间效应之外，还考察了政策实行前后影响中部地区经济发展的内在机制的转变。在控制地区和时间的情况下，可以看出全样本、2006 年以前以及 2006 年之后的样本的估计结果并不相同。较为明显的是，2006 年以前的样本估计结果与全样本估计结果相似，产业结构（st）对本地区经济发展的作用较为明显。与之相比，2006 年之后，随着中部崛起战略的实行，不仅产业结构对经济发展的影响效力增大，而且城镇化水平对经济增长的作用也由负转正，出口水平（exp）、固定资产投资（lninv）及交通基础设施（lntraffic）对地区经济发展水平的作用也显著为正。第三，其他。此外，在二进制空间权重下，周围区域人口密度（W * Lnl_p）的增加对本区域经济增长带来的负溢出效应较为显著。地理距离空间权重矩阵下的人均外商直接投资（Lnfdi_pc）对本地区经济增长有微弱的负向作用。

因此，空间杜宾模型的结论主要有：第一，地理距离减弱了城镇化对区域经济的作用，而经济距离则强化了城镇化对经济的推动作用；第二，固定资产投资和产业结构对本地区经济发展展现出不同的作用水平，是地区经济发展的主要源头，但是二者更多的是对地理临近区域的带动作用，然而从经济距离上则对周围的产业发展影响不显著，这主要是因为产业结构存在地区适宜性以及资本、技术等的外溢半径所限；第三，财政支出对本区域的拉动作用不显著，然而投资对周围区域的带动作用较为明显，一方面由于资本的流动性，另一方面投资可以产生产业的联动效应从而间接带动周围区域发展；第四，其他方面，从回归系数来看，周围区域人口密度的增加会带来本地区经济的略微波动，但是从效应的结果来看，人口密度要素对经济发展的影响是不存在的或是很微弱。外商直接投资对本区域经济发展同样造成了一定的波动，然而这种效应相对较小，这可能与引资项目的不配套或乱上项目有关（卢飞和刘明辉，2017）[①]。

第五节　本章小结

本章借助 ESDA 技术和空间计量经济学分析了中国中部地区地级市层面的经济地理空间演变以及产生这种演变的影响因素。值得注意的是，本章在中国中部地区的经济地理空间演变机制方面采用的是中国中部地区 87 个地级市2000—2016 年的截面数据，而在分析经济地理空间演变影响因素时，鉴于数据获取口径不一致以及为消除数据异质性，本章选取的是 2000—2016 年中部六省的面板数据。首先通过人口加权变异系数判断中国中部地级市单元的空间不平衡动态演变趋势，初步甄别经济聚集的空间区域，进一步通过 ESDA 技术分析，文章得出研究时间段内的 5 个代表性主要经济聚集单元。基于所选的 5个地理单元及主体部分所在省份，本章基于空间截面模型（SAR、SEM）对所研究区域空间演变机制进行了探索。最后文章基于空间面板模型的比较，选取三种空间权重矩阵下的空间杜宾模型对影响中部地区空间演变的因素进行了分析，分析结果表明：人口密度、外商直接投资水平对区域经济增长的影响作用是微弱的或不显著的，财政支出、产业结构、城镇化、投资水平对中部地区经济增长的效应是显著的。然而，地理距离弱化了城镇化对经济增长的正溢出效应，而经济距离则强化了这种正溢出效应。固定资产投资仍是中部地区经济增长的主要引擎，对本地拉动作用较强，而对周围区域拉动作用较弱甚至产生负向影响。产业结构在距离上会拉动范围内区域发展，而从经济上可能由于技术适宜性等问题对周围的产业发展影响不显著。在发展战略对中部地区经济增长的内在机理的分析中，产业结构、城镇化水平、出口水平、固定资产投资、交通基础设施等要素在政策实行后对中部地区经济发展水平的作用有所提升，显示出"三基地、一枢纽"地位打造对中部地区经济增长的影响效力增强。

---

① 卢飞，刘明辉. 中国中部地区经济空间格局演变及驱动机制——基于 ESDA 和空间计量方法的实证分析［J］. 现代财经（天津财经大学学报），2017，37（8）：33-45.

总体上而言，在2000—2016年这一时间段内，中部地区集聚区域并没有发生本质性变化，多是在原有区域基础上收缩或扩张。不同的是2016年经济聚集状况明显加剧，区域间的差距较考察期初有所抬升。然而，这种集聚表现出不同的作用特征。一些地方的集聚会以周围区域经济增长率作为牺牲，另一些地方则以邻居区域的经济发展水平作为代价。同时，在经济地理空间演化格局的因素分析中，也存在要素利用效率低下、要素结构不合理的现象。

　　据此提出以下建议：第一，统筹城乡协同发展，完善城市群结构。地方政府在推进城市群战略的同时，要避免城镇化随距离而对邻居区域带动弱化的现象，也就是要构建"城市群-腹地"毗邻地区发展机制，完善城乡接合部基础设施，推进市民化进程，提高城市基础设施共享度。第二，优化财政支出，要重视引资质量。财政支出是中部地区发展的重要支撑，增加政府支出对地区经济发展的支撑，引资要符合当地发展实际，摒弃圈地而不用地的招商引资现象和工业园乱建设现象。第三，加大科学研究与试验发展投入，提高人力资本积累，升级产业结构，优化产业格局。地区的发展要从紧抓人口红利转向人才红利，升级本地产业结构，避免产业发展的"虹吸效应"对周围区域造成的经济衰退。第四，构建中部地区城市群发展战略，完善城乡一体化发展顶层设计和制度保障体系。城镇化是中部地区未来发展的重要引擎，要推动地区人口城镇化与土地城镇化协同发展，努力推进农民工市民化进程，实现中部地区如期全面建成小康社会。

第五章 发展动态：区域发展战略对地区经济增长的影响

前文着重考察了宏观层面区域发展战略对中部地区经济增长的影响。上一章重点突出了发展战略对区域空间格局重构的影响，本章则突出考察发展动态视角下中部地区发展战略对地区经济增长的影响。考虑到在中部地区的崛起规划中，"两个比照"政策是核心举措，对该政策的定量评估和科学评测是把脉中部地区的基础性研究，虽已实施十余年之久，但仍乏人问津。本章结合理论推演和 PSM-DID 方法对"两个比照"政策的实施效果进行分析和估测，尝试为区域发展战略与地区经济增长的关系演进提供新的洞见。

第一节 地区政策支持：长期性战略到发展新局

中部地区在过去被诟病为我国经济增长的"塌陷区"，不仅经济发展水平远落后于东部地区，经济增长速度也较西部地区迟滞。针对塌陷事实，国家继东部率先发展、西部大开发和东北振兴战略之后，于 2006—2009 年陆续出台政策文件助力中部崛起。2009 年，《促进中部地区崛起规划》明确"中部地区到 2015 年建成'三基地、一枢纽'"。2016 年，国家综合考量中部地区两个"五年"发展成就和新形势下中部地区面临的新情况、新问题，审时度势，出台了《促进中部地区崛起"十三五"规划》，该文件拾级而上提出新时代中部地区"一中心、四区"的发展定位，这一前瞻性的战略部署为中部地区"十三五"乃至新时代跨越式发展提出了新要求，指明了新方向。

中部地区具有连南接北、承东启西的区位优势，是我国新时代谋求地区接续发展、区域协调发展的战略要地，同时中部地区厚实的制造业基础对我国建成现代化经济体系也举足轻重。2006 年以来，中部地区相关的各项政策多为中部地区的发展规划，而真正明确中部地区所能享受优惠政策的是"两个比照"政策，可以说"两个比照"政策是中部地区崛起战略的重要内容和执本之举。"两个比照"政策明确中部六省 26 个城市比照实施振兴东北地区等老工业基地有关政策（以下简称"比照东北振兴"），243 个县（市、区）比照实施西部大开发有关政策（以下简称"比照西部大开发"）。"两个比照"政策惠及范围还包括了湖北、湖南各 2 个和 7 个民族自治县，这一政策对中部地区坚决完成脱贫攻坚任务和全面建成小康社会具有重要意义。"两个比照"政策出台于 2007 年，2022 年已实施十余年之久，因此，对"两个比照"政策的实施效果开展评估也是进一步贯彻《促进中部地区崛起"十三五"规划》的本质要求。

"两个比照"政策是推动中部崛起、实现我国区域协调的重大举措。早在我国《国民经济和社会发展第十一个五年规划》中就明确做出了"推进西部大开发，振兴东北地区等老工业基地，促进中部地区崛起，鼓励东部地区率先发展"的区域发展整体布局。2006 年，《中共中央国务院关于促进中部地区崛起的若干意见》（中发〔2006〕10 号）的发布标志着中部六省成为继东部、西部、东北之后我国出台的又一个区域性战略规划，是中部地区相当长时期内经济社会发展的纲领性文件。为了贯彻落实这一文件精神，国务院研究制定了中部六省一些县市实施"两个比照"政策。其中，"比照东北振兴"相关政策的有山西省、江西省、湖南省和湖北省各 4 个市以及安徽省和河南省各 5 个市，"比照西部大开发"相关政策的县（市、区）的分布情况为：山西省 50 个、安徽省 30 个、江西省 41 个、河南省 54 个、湖北省 28 个、湖南省 40 个。2012 年，面对中部崛起以来取得的显著成绩，国务院发布《关于大力实施促进中部地区崛起战略的若干意见》（国发〔2012〕43 号）进一步重申"两个比照"政策，要求加大中部地区"两个比照"政策实施力度，强调通过完善实施细则确保各项政策落到实处。"两个比照"政策使中部地区一些县、市享有与"专项"优惠区域几近相同的政策。

"两个比照"创新了政策体系外区域的发展模式，可以说是"比照"区域的"专有"政策，这种"折扣"后的"专有"政策能否促进中部地区崛起既是对政策执行的回应，也是当下值得探究的课题。"两个比照"政策实施以来，26 个"处理组"城市人均 GDP 由其他 257 个城市（见下文）人均 GDP 的 1.009 倍升至 2015 年的 1.068 倍，"两个比照"政策还在改善民生和提升欠发达地区居民幸福感等方面发挥积极作用。然而，"两个比照"政策惠泽区域是否能像政策直接覆盖区一样收获"红利"？遗憾的是，现有研究鲜有关注

"两个比照"政策的实施效果，仅在论述相关政策过程中提及"两个比照"政策，更没有相关政策的定量评估。2017 年，"两个比照"政策实施已有十年之久，考虑到"两个比照"政策涉及的范围属市、县层级，尺度较小，且与西部大开发、东北振兴战略相比并非直接的"受惠"政策，因此，本书旨在考察该种"专项"政策的实施效果，以启示欠发达地区城市转型和落后地区经济发展。

随着我国社会主义制度的不断完善，我国各项社会制度改革不断涌现，学界评估制度的内容也更加全面、评估手段也日益多样。例如，有关西部大开发政策的评估在期初多以定性分析为主，随着政策评估工具的不断丰富，有关西部大开发政策的定量评估文献开始增多，但结论尚不统一。其他方面的研究，如程令国和张晔（2012）[①] 选取 2005 年和 2008 年 CLHLS 数据为样本，基于固定效应模型和双重差分倾向得分匹配方法（PSM-DID），得出新型农村合格医疗取得了健康绩效而非经济绩效；李光勤等（2018）[②] 运用双重差分法，以"局改委"政策为例，证实了制度变迁对旅游产业发展的带动作用；史贝贝等（2017）[③] 同样运用双重差分法，以"两控区"政策作为准自然实验证实了环境规制的边际报酬递增效应；张莉等（2018）[④] 在梳理中央和省级规划中提及的重点产业的基础上，结合固定效应模型和 DID 模型考察了重点产业政策导致政府土地资源配置的地域异质性特征。可以看出，我国各项政策的绩效评估以及政策实施后所产生的影响效力已成为学术界研究和关注的焦点。

本章余下部分的安排，第二部分结合政策背景，设计理论模型，提出理论假设；第三部分对估计方法、变量选取、数据收集和模型设计进行阐述；第四部分实证考察"两个比照"政策的实施效果，并进行针对性的作用机制分解；第五部分为本章的结论和启示部分。

---

① 程令国, 张晔. "新农合"：经济绩效还是健康绩效？[J]. 经济研究, 2012, 47 (1)：120-133.

② 李光勤, 胡志高, 曹建华. 制度变迁与旅游经济增长——基于双重差分方法的"局改委"政策评估 [J]. 旅游学刊, 2018, 33 (1)：13-24.

③ 史贝贝, 冯晨, 张妍, 等. 环境规制红利的边际递增效应 [J]. 中国工业经济, 2017 (12)：40-58.

④ 张莉, 朱光顺, 李夏洋, 等. 重点产业政策与地方政府的资源配置 [J]. 中国工业经济, 2017 (8)：63-80.

第二节　区域发展战略的选取、解读与理论分析

一、区域发展战略的选取与解读

本部分对"两个比照"政策做出解读。2006 年，中部崛起开始明确为国家战略。中部崛起成为党中央、国务院从我国现代化建设全局出发做出的继东部率先发展、西部大开发和东北振兴后的又一次重大决策，"两个比照"政策则是促进中部崛起的关键举措和主要抓手，是为解决中部塌陷问题提出的具有针对性的施政方略，是新时代促进中部崛起的有力支撑和重要强心剂。"两个比照"政策的贯彻执行为中部地区建成和巩固"三基地、一枢纽"的发展定位以及为《促进中部地区崛起"十三五"规划》的成功出台奠定了坚实基础。

"两个比照"政策形成于《中共中央国务院关于促进中部地区崛起的若干意见》（中发〔2006〕10 号）、国务院办公厅印发的《关于中部六省比照实施振兴东北地区等老工业基地和西部大开发有关政策范围》（国办函〔2007〕2 号）和国务院办公厅印发《关于中部六省实施比照振兴东北地区等老工业基地和西部大开发有关政策》（国办函〔2008〕15 号）等文件，并随这些文件和政策的发布得到渐次推进和精准落地。第一项文件确定了促进中部崛起的战略任务；第二项文件明确了"两个比照"政策的实施范围，并提出国务院、发展和改革委员会进一步制定具体政策内容和实施办法，做好组织协调工作的要求；第三项文件则是对"两个比照"政策实施方案进一步细化。2012 年，国务院进一步发文《关于大力实施促进中部地区崛起战略的若干意见》（国发〔2012〕43 号），该文件使中部地区更加明确地贯彻"两个比照"政策，实施思路更加清晰，支持力度和扶持范围也进一步加大。

已经出台的有关中部崛起以及"两个比照"政策的执行文件均要求中部六省各相关部门结合地区发展实际落实相应的配套措施，扶持政策范围内区域发展。依据文件精神，"两个比照"政策惠及中部地区城市和欠发达县（市、区）两类区域，特指 26 个老工业基地城市"比照实施振兴东北地区等老工业基地有关政策"，243 个欠发达县（市、区）"比照实施西部大开发有关政策"。"两个比照"政策包含多项财政激励政策和产业发展对策，并能够依据不同区域在改革发展中的突出问题进行相应的政策设计，保障政策实施过程中做到有的放矢。按照政策内容，26 个老工业基地城市重点推进国有企业改革和增值税改革，要求通过培育以企业为主体的技术创新体系加速产业结构转

型,推动中部地区城市建设和发挥城市辐射带动作用;243 个欠发达县(市、区)主要分布在中部地区贫困人口集中地区,尤其是革命老区和少数民族地区,因此"比照西部大开发"战略是以保障民生和提升地方公共服务能力为本,强调通过加大财政转移支付,借力发展特色产业、商贸物流,实施土地复垦和矿产资源勘查等措施加大扶贫开发力度。可以看出,"两个比照"政策主要着力于推动城市转型和改善落后区域生产生活面貌。

《中部地区崛起"十三五"规划》的出台也得益于"两个比照"政策的深入贯彻和持续落实。结合规划文本可以看出,《中部地区崛起"十三五"规划》的战略目标以及战略任务等均是在"两个比照"政策基础上的进一步升华。例如,扶持特殊困难地区加快发展、加快建设现代产业新体系、打造中部地区城市群和中心城市、构建基础设施新网络等均是对"两个比照"政策着力点的进一步强化。因此,"两个比照"政策的效应评估不仅是对中部地区过去发展的经验总结,也是确保中部地区"十三五"期间战略目标实现的基础性工作,具有重要意义。

二、理论分析

一个经济体发展如何在很大程度上受制于经济发展战略。林毅夫等(1999)[1] 在分析发展战略的选择时着重突出比较优势发展战略,他们认为产业政策是政府履行职能的关键。第一,产业政策对经济参与者的创新行为具有较强影响。其作用机制可以概括为两种,一种是产业政策带动产业内涵式增长。具体而言,鼓励性产业政策给企业在获取信贷、减免税收、赢取补贴等方面带来较大利好,推动企业开展技术创新,尤其是民营企业(余明桂等,2016)[2]。另一种与此相对,指的是产业政策使经济活动参与者更急功近利,而不是专注创新,正如黎文靖和郑曼妮(2016)[3] 对沪深 A 股上市公司 2001—2010 年的专利数据的考察,他们得到的结论认为鼓励性产业政策更多的是激发了企业的策略性创新,即为"寻扶持"增加专利数量而忽视专利质量的行为。第二,产业政策的产业增长效力。现有研究将这一观点总结为资源补充机

---

① 林毅夫,蔡昉,李周.比较优势与发展战略——对"东亚奇迹"的再解释 [J].中国社会科学,1999(5):4-20,204.

② 余明桂,范蕊,钟慧洁.中国产业政策与企业技术创新 [J].中国工业经济,2016(12):5-22.

③ 黎文靖,郑曼妮.实质性创新还是策略性创新?——宏观产业政策对微观企业创新的影响 [J].经济研究,2016,51(4):60-73.

制和资源重置机制（宋凌云和王贤斌，2013；2017）①②，二者逻辑相似，但形式不同。资源补充机制指的是重点产业可以获取更高的补贴，资源重置机制即通过产业政策引导资源配置到生产率更高的产业。然而，产业政策"上行下效"也使得地方经济出现产业同构和过早分散的现象，导致出现效率损失（吴意云和朱希伟，2015）③。可以看出，鼓励性产业政策会给地方经济活动参与者带来较大优惠，但是地区经济发展情况还与地区比较优势以及经济活动参与者行为相关。实际上，中部地区作为欠发达地区，资源型产业在过去一直是该区域的支柱产业，资本偏向的产业结构决定了鼓励性产业政策可以推动当地产业发展，同时依托区位优势推动特色产业和商贸物流发展等的战略导向也体现了中部地区突显比较优势的产业选择。据此，本书设定代表性厂商的生产函数符合 CES 生产函数，并参照 Acemoglu（2002）④ 的广义技术进步参数为 1 的假定，方程设定如下：

$$y_{it} = [\delta_i (A_L L_{it})^{\frac{\sigma-1}{\sigma}} + (1 - \delta_i)(A_M M_{it})^{\frac{\sigma-1}{\sigma}}]^{\frac{\sigma}{\sigma-1}} \qquad (5\text{-}1)$$

其中，投入要素包括劳动（L_i）和其他要素（M_i）。δ_i 和 $1-\delta_i$ 分别为劳动和其他要素的分配参数，A_L 和 A_M 为要素增强型技术进步，σ 是要素替代弹性。按照前文所述，发展战略显然并不会直接促进当地全要素生产率进步，而是会以"要素挤入"的形式推动区域发展。例如，经济特区的设立导致大量劳动力涌入、国家为平衡区域发展实施偏向中西部地区的土地供给政策以及鼓励范围内企业可以获得数额较大且成本较低的贷款等。因此，本书将战略实施具体化为"政策驱动因子"，并将其拆分为劳动要素挤入因子（γ_1）和其他要素挤入因子（γ_2），将其带入公式（5-1），可以得到：

$$y_{it} = [\delta_i (\gamma_1 \cdot A_L L_{it})^{\frac{\sigma-1}{\sigma}} + (1 - \delta_i)(\gamma_2 \cdot A_M M_{it})^{\frac{\sigma-1}{\sigma}}]^{\frac{\sigma}{\sigma-1}} \qquad (5\text{-}2)$$

接下来，本书假定劳动工资按照市场价格给付，资本、土地等中间品受战略实施的影响可以享有价格折扣，因此可以认为中间品价格相比非战略实施区更低，假定政府减税因子为 γ_3，则可以得到政策优惠区域生产的约束方程为：

---

① 宋凌云，王贤彬. 重点产业政策、资源重置与产业生产率 [J]. 管理世界，2013（12）：63-77.

② 宋凌云，王贤彬. 产业政策如何推动产业增长——财政手段效应及信息和竞争的调节作用 [J]. 财贸研究，2017，28（3）：11-27.

③ 吴意云，朱希伟. 中国为何过早进入再分散：产业政策与经济地理 [J]. 世界经济，2015，38（2）：140-166.

④ ACEMOGLU D. Directed technical change [J]. The review of economic studies，2002，69（4）：781-809.

$$\text{Max}. \quad p_{it} y_{it} - p_{Lt} L_{it} - (1 - \gamma_3) p_{Mt} M_{it} \tag{5-3}$$

从而本书可以分别求出公式（5-2）和公式（5-3）的最大化一阶条件、劳动和其他中间品需求量、要素增强型技术进步函数、产品价格和产品产出的表达式分别为：

$$p_{Lt} = p_{it} \delta_i \left(\frac{y_{it}}{L_{it}} \right)^{\frac{1}{\sigma}} (\gamma_1 \cdot A_L)^{\left(\frac{\sigma-1}{\sigma}\right)} \tag{5-4}$$

$$(1 - \gamma_3) p_{Mt} = p_{it} (1 - \delta_i) \left(\frac{y_{it}}{M_{it}} \right)^{\frac{1}{\sigma}} (\gamma_2 \cdot A_M)^{\left(\frac{\sigma-1}{\sigma}\right)} \tag{5-5}$$

$$L_{it} = \frac{y_{it} \cdot p_{it}^{\ \sigma} \cdot \delta_i^{\ \sigma} \cdot (\gamma_1 \cdot A_L)^{\ \sigma-1}}{p_{Lt}^{\ \sigma}} \tag{5-6}$$

$$M_{it} = \frac{y_{it} \cdot p_{it}^{\ \sigma} \cdot (1 - \delta_i)^{\ \sigma} \cdot (\gamma_2 \cdot A_M)^{\ \sigma-1}}{[(1 - \gamma_3) p_{Mt}]^{\ \sigma}} \tag{5-7}$$

$$A_L = \frac{1}{\gamma_1} \cdot \left(\frac{p_{Lt}}{p_{it} \delta_i} \right)^{\frac{\sigma}{\sigma-1}} \cdot \left(\frac{y_{it}}{L_{it}} \right)^{\frac{1}{1-\sigma}} \tag{5-8}$$

$$A_M = \frac{1}{\gamma_2} \cdot \left[\frac{(1 - \gamma_3) p_{Mt}}{p_{it} (1 - \delta_i)} \right]^{\frac{\sigma}{\sigma-1}} \cdot \left(\frac{y_{it}}{M_{it}} \right)^{\frac{1}{1-\sigma}} \tag{5-9}$$

$$p_{it} = \left\{ \frac{\delta_i^{\ \sigma} \cdot (\gamma_1 \cdot A_L)^{\ \sigma-1}}{p_{Lt}^{\ \sigma-1}} + \frac{(1 - \delta_i)^{\ \sigma} \cdot (\gamma_2 \cdot A_M)^{\ \sigma-1}}{[(1 - \gamma_3) p_{Mt}]^{\ \sigma-1}} \right\}^{\frac{1}{1-\sigma}} \tag{5-10}$$

$$y_{it} = L_{it} \cdot \frac{p_{Lt}}{p_{it}} + M_{it} \cdot \frac{(1 - \gamma_3) p_{Mt}}{p_{it}} \tag{5-11}$$

其中，公式（5-4）和公式（5-5）为最大化一阶条件，公式（5-6）和公式（5-7）为劳动力和其他中间品需求函数，公式（5-8）和公式（5-9）为劳动和其他中间品增强型技术进步函数，公式（5-10）和公式（5-11）为产品价格和产出数量的函数。通过上述推演，本书可以得出的主要结论是：第一，政府政策调控对地区经济变量产生影响。政策实行区域较之其他非政策惠及区拥有更为丰裕的政策资源，政策资源禀赋的差异性演化会导致施政区内要素供给量和要素价格发生改变进而影响要素增强型技术进步和经济增长。依据推演，政府政策干预对地区劳动价格、其他要素价格、劳动数量、其他要素数量、劳动增强型技术进步、其他要素增强型技术进步的影响系数分别为

$\gamma_1^{\frac{\sigma-1}{\sigma}}$、$\gamma_2^{\frac{\sigma-1}{\sigma}} / 1 - \gamma_3$、$\gamma_1^{\sigma-1}$、$\gamma_2^{\sigma-1} / (1 - \gamma_3)^{\sigma}$、$\frac{1}{\gamma_1}$、$\frac{(1 - \gamma_3)^{\frac{\sigma}{\sigma-1}}}{\gamma_2}$，进一步推导

可得政策干预对技术进步偏向和经济增长的影响均与"减税因子"相关。此与现实相符,现实中政府可以通过行政手段和经济手段干预经济,前者如政府放松户籍管制增加劳动力池效应,后者则如投融资便利化等的相关政策,其中经济手段会直接引发要素的价格效应(price effect)和市场效应(market size effect)(Acemoglu,2002)①进而引起经济增长发生变迁。第二,政府政策的实行会通过要素供给和要素技术进步影响经济增长,但是要素投入的决策及调整并不是一蹴而就的,要素技术进步模式的决策、选取和更迭则需时更久,因此,政策效力的发挥在时间上具有一定的滞后性。此外,要素追逐高生产率和高回报率的本质也可能导致要素滞留或出现潮涌现象,这也进一步拉长了政策发挥效力的"窗口期",可能会对政府政策产生一定的冲击而使政策的实行不能达到预期效果。

结合上述分析,本书将理论推演及所得结论量化作为本章研究设计的基本架构。政府施政的直接效应表现为地区要素供给的增加和"受惠光环"下的折价专享,二者综合影响导致经济产出发生波动。因此,若政府施政表现出积极效应,则会首先体现在政府政策对经济产出的提拉效力,这种政府政策对要素供给和技术变迁的动态效用会形成地区经济增长的路径依赖和产品空间生产优势,因此,本章将经济规模和提质增效作为分析政策效应作用机制的基本面,并以"两个比照"政策的战略目标和着力点为抓手设计研究框架。

具体而言,本章理论分析部分将政府政策干预纳入 CES 生产函数,通过理论推演得出政府政策促进产出增长的作用机制,形成了本章分析政策效应的基本框架。诚然,政策的推行会给当地带来较大的"政策红利",有助于提升当地要素禀赋优势。然而,政府政策具有较强的主观意志性,若政策效力发挥不佳,则可能掉入"政策陷阱",如刘瑞明、赵仁杰(2015)发现,西部大开发政策偏重固定资产投资和能源开发,而忽视了西部地区的体制机制改革和软环境建设。考虑到"两个比照"政策包含企业创新、公共服务改善等战略要点,本书认为"两个比照"政策对中部地区软、硬环境建设具有"两手抓"的特征。鉴于此,提出本章假说1:

假说5-1:"两个比照"政策推动了中部地区经济增长,但政策效应的发挥有时间滞后性。

① ACEMOGLU D. Directed technical change [J]. The review of economic studies, 2002, 69 (4): 781-809.

然而，本书仍然需要提及的是，"两个比照"政策虽然由正式的文件确立，且在实施后的第六年得到进一步重申和强调，但是考虑到"两个比照"政策缺乏明确的监督监管和考核评价体系，且实施年份较长而未能推陈出新，在执行过程中也并没有像西部大开发政策区域一样出台类似结对帮扶等的深度优惠政策，因此，"两个比照"政策未能体现省份之间经济增长的"锦标赛"属性而会导致政策效力发挥受限。同时，"三基地、一枢纽"的战略定位也可能使中部地区受产业政策诱导而着重发展传统产业，从而出现重"经济规模"而忽视"提质增效"的扭曲发展。再从"比照西部大开发"政策来看，中部地区对县域经济发展提出的要求更多的是追求增加转移支付、发展传统农业等方面，虽然有发展特色产业的政策，但是在横向补偿不够和纵向补贴不足的政策环境下，农业区并没有生产率优势和经济优势。因此，本书提出假说2：

假说5-2："两个比照"政策可能受预设目标、推进深度和政府行为等的影响导致实施效力发挥受限。

第三节　区域发展战略影响经济增长的研究设计

一、模型选取

本部分以"两个比照"政策为例，设计区域发展战略影响经济增长的估计模型。区别于第四章选取包含空间溢出的模型，本部分选取 PSM-DID（双重差分倾向得分匹配方法）模拟政策实施效果。一是双重差分在政策效应评估中具有明显的优势，是当下政策评估的主流方法；二是本部分更加关注政策执行的时效及落实情况，因此本部分选取模型时并没有关注空间溢出效应。双重差分倾向得分匹配由 Heckman 等（1997；1998）①② 提出。这一方法需要满足两个前提，一是"准自然实验"的假定，二是考察对象（处理组）与参照对象（对照组）的样本要具备"共同趋势假定"。"两个比照"政策是由国家在 2007 年发布并实施，可以看作是一项政策实验，满足"准自然实验"的假

---

① HECKMAN J J, SMITH J, CLEMENTS N. Making the most out of programme evaluations and social experiments: accounting for heterogeneity in programme impacts [J]. The review of economic studies, 1997, 64 (4): 487-535.

② HECKMAN J J, ICHIMURA H, TODD P. Matching as an econometric evaluation estimator [J]. The review of economic studies, 1998 (65): 261-294.

定。同时，相比差分内差分方法（difference-in-difference，DID），倾向得分匹配通过寻找"对照组"中与"处理组"对象相似的样本进行相互比较，可以克服 DID 方法中"处理组"和"对照组"因不具备"共同趋势假定"而产生的偏误，使政策冲击效应只取决于可观测的控制变量。

由于"两个比照"政策是国务院自 2007 年 1 月 1 日起发布，且在当年已有惠泽区域密集执行该政策，因此本章以 2007 年为节点，将选取的城市分为"处理组"和"对照组"，处理组为政策覆盖的行政区域，对照组为政策实施范围之外的其他考察区域。因此，按照时间节点的不同可以将这些区域分为四个部分：政策实施前的"处理组"和"对照组"以及政策实施后的"处理组"和"对照组"。之后，借助 PSM 方法，选取产业结构、工业化水平、储蓄率、固定资产投资等多个配对指标作为协变量以在控制组样本中选择可供比较或处于共同取值区间的行政区域，即针对处理组，选取对照组中与该样本在多个配对指标中"距离"最近的个体作为参照，从而在将处理组与对照组进行比对的同时还可以比较政策实施前后的发展差异，综合考量这两种差异的模型就是双重差分模型。

本章在评估"两个比照"政策时使用 PSM-DID 方法，该方法与 DID 方法的估计思想相同，即考虑在 T 时点受到政策冲击的处理组和未受到政策影响的对照组，两种方法均是通过对比两组样本在 T 时点前后的政策冲击对象是否发生了变化来检验政策实施效果。不同的是，PSM-DID 较之单纯的 DID 更具可靠性，可以有效降低 DID 方法的计量偏差。同时，PSM 方法计算得到的倾向得分值是处于 [0，1] 之间的一维变量，可以避免匹配数目太多而要在高维度空间进行匹配可能导致数据稀疏的问题。此外，考虑到"比照东北振兴"和"比照西部大开发"两个政策的实施范围以及政策着力点的不同，需要对"两个比照"政策分别进行评估。

二、变量说明与数据选取

倾向得分匹配在计算平均处理效应（ATE）时，需要选取恰当的协变量以尽可能满足可忽略性假定，从而降低相关变量偏少或选择不当而引起的偏差。受数据获取渠道的限制以及本章研究对象的考察尺度不统一，因此本书分别依照"两个比照"政策的考察对象选取差异化的经济变量、统计方法和考察时期。

"比照东北振兴"政策是以地级市为考察对象，数据相对易得，统计内容也较为翔实，通过数据收集将研究时段确定为2005—2015年，数据源自《中国城市统计年鉴》、省级统计年鉴及相关地级市历年统计公报。需要说明的是，在2013年相关城市变量的统计中，《2014年中国城市统计年鉴》与省级年鉴在统计人口数时出现较大出入，导致依据《中国城市统计年鉴》计算得出的人均GDP出现较大波动，本章对其进行了平滑处理。最终，本章得到了包含26个处理组在内的283个"比照东北振兴"的政策评估样本，具体的城市样本筛选过程参见卢飞和刘明辉（2017）[1] 的相关研究。"比照西部大开发"政策是以县级行政单位为统计口径，本章手工统计县级单位数据的主要路径与前文一致。

指标的选取方面参考王洛林和魏后凯（2003，2006）[2][3] 的相关研究以及"两个比照"政策的战略目标而设定。"比照东北振兴"与"比照西部大开发"政策虽然共同致力于打造"三基地、一枢纽"的战略定位，但是侧重点有所不同，前者专注于城市发展和经济转型，后者服务于居民增收和改善民生，因此两个政策的评估所选指标也应不同，本书在具体的评估中选取人均GDP和GDP作为被解释变量，"比照西部大开发"政策的评估还突出了政策实施对财政收入、居民增收等的效应分析，刻画了转移支付力度和民生指标。其中，涉及价值的指标通过价格指数进行平减，产值的价格指数按照"0.55×省域居民消费价格指数+0.45×省域固定资产投资价格指数"计算，收入、工资水平及固定资产投资则分别按照居民消费价格指数和固定资产投资价格指数进行平减，并以2004年为基期。具体的变量说明和统计情况参见表5-1和表5-2。在统计县域GDP和人均GDP时，由于《中国县域统计年鉴》中仅报告了县域2005—2012年第一产业和第二产业增加值，而没有统计该时期的GDP及第三产业增加值，因此，本章县域GDP的相关数据主要源自《中国区域经济统计年鉴》及省级统计年鉴。

① 卢飞，刘明辉.贷款规模、房地产投资与城市经济增长——基于283个地级以上城市的经验分析［J］.统计与信息论坛，2017，32（10）：66-75.
② 王洛林，魏后凯.我国西部大开发的进展及效果评价［J］.财贸经济，2003（10）：5-12，95.
③ 王洛林，魏后凯.振兴东北地区经济的未来政策选择［J］.财贸经济，2006（2）：3-10，96.

表 5-1 "两个比照"政策效应评估的主要变量及计算说明

变量	变量名称	变量含义	计算方法
被解释变量	lngdp	地区生产总值	通过计算价格指数，对 GDP 进行平减得到实际 GDP，并取对数
	lnpgdp	地区人均生产总值	实际地区 GDP 与人口数比值得到实际人均 GDP，并取对数
核心解释变量	CON1	比照东北振兴	虚拟变量（0，1）
	CON2	比照西部大开发	虚拟变量（0，1）
	gov	政府规模	公共财政支出（亿元）/地区 GDP
	sav	储蓄水平	市域年末金融机构存款余额/GDP
	def	财政赤字	（公共财政收入−公共财政支出）/市域 GDP；县域公共财政支出（亿元）（def_1）/公共财政收入（亿元）（def_2）= def
	inv	固定资产投资	市域固定资产投资/地区 GDP；县域固定资产投资（千万元），并取对数（lninv）
	is	产业结构	市域第三产业增加值/地区 GDP；县域第三产业增加值（亿元），并取对数（lnis）
	ind	工业化程度	市域第二产业增加值/地区 GDP；县域第二产业增加值（亿元），并取对数（lnind）
	agr	农业发展水平	市域第一产业增加值/地区 GDP；县域第一产业增加值（亿元），并取对数（lnagr）
	loan	贷款规模	市域年末金融机构存款余额（亿元）/GDP
	edu	教育发展水平	市域教育支出（亿元）/公共财政支出
	lnemp	职工人数	市域在岗职工人数（万人），并取对数
	lntraffic	交通基础设施	市域道路面积（百万平方米），并取对数
	lnmed	基本医疗水平	市域医疗卫生机构床位数/户籍人口（床/人），并取对数
	loan	贷款规模	县（市、区）年末金融机构实际贷款余额/居民储蓄存款余额
	lnwage	职工工资	市或县在岗职工实际工资（万元），并取对数
	lnincome	农民人均纯收入	县域农民实际人均纯收入（千元），并取对数
	lnent	工业企业数	县域规模以上工业企业数（个），并取对数

注：表中资料为笔者整理。

表 5-2 "两个比照"政策效应评估的主要变量描述性统计

政策类型	变量名称	总样本 (N=3 113)			控制组 (N=2 827)			处理组 (N=286)		
		最小值	平均数	最大值	最小值	平均数	最大值	最小值	平均数	最大值
比照东北振兴样本	lngdp	1.484	4.333	7.597	1.484	4.310	7.597	2.949	4.552	6.681
	lnpgdp	−8.505	0.777	2.737	−8.505	0.762	2.737	−0.172	0.932	2.110
	CON1	0	0.818	1	0	0.818	1	0	0.818	1
	gov	0.004	0.167	3.634	0.004	0.170	3.634	0.068	0.132	0.125
	sav	0.245	1.227	9.950	0.245	1.220	9.950	0.538	1.299	4.070
	def	−0.067	0.096	1.887	−0.048	0.099	1.887	−0.067	0.057	0.224
	inv	0.015	0.686	17.344	0.015	0.685	17.344	0.236	0.690	1.362
	is	0.086	0.366	0.853	0.086	0.365	0.853	0.232	0.368	0.613
	ind	0.09	0.494	0.910	0.09	0.489	0.910	0.373	0.544	0.695
	agr	0.000 3	0.141	0.499	0.000 3	0.146	0.499	0.014	0.088	0.297
	edu	1.69×10^{-7}	0.189	6.567	1.69×10^{-7}	0.191	6.567	0.084	0.163	0.259
	lnmed	−0.934	3.508	4.959	−3.237	1.189	2.656	0.632	1.368	2.212
	lnemp	0.307	3.409	6.766	0.307	3.381	6.766	2.515	3.687	5.278
	lntraffic	2.639	6.765	9.975	2.639	6.719	9.975	5.855	7.223	9.108
	lnwage	−1.019	0.946	2.254	−1.019	0.913	2.574	−0.006	0.922	1.615
比照西部大开发样本	lngdp	0.632	4.012	6.677	0.632	4.225	6.677	0.729	3.783	5.823
	lnpgdp	0.414	2.500	4.460	1.089	2.711	4.460	0.414	2.274	4.216
	CON2	0	0.8	1	0	0.8	1	0	0.8	1
	gov	0.005	0.053	0.457	0.005	0.053	0.307	0.007	0.053	0.457
	def	0.613	4.145	39.456	0.613	3.442	39.456	0.776	4.901	28.493
	lninv	1.108	5.746	8.914	1.108	5.939	8.914	1.846	5.539	8.123
	lnis	−2.161	2.817	5.312	−0.843	2.999	5.313	−2.161	2.621	4.796
	lnind	−1.852	3.192	6.334	−1.852	3.476	6.334	−1.085	2.886	5.363
	lnagr	−1.363	2.304	4.275	−1.363	2.380	4.275	−1.108	2.223	4.153
	loan	0.035	0.662	6.659	0.154	0.714	6.346	0.035	0.605	6.659
	lnent	0	4.114	6.712	0	4.344	6.712	0.693	3.867	5.969

注：表中资料为笔者整理。lnwage 和 lnincome 为考察时段（2005—2010 年）的变量，故表中没有列示。

三、模型设计

上述分析确定了本章的研究时段、研究样本和研究变量。接下来以"比照东北振兴"政策为例设定模型，"比照西部大开发"政策的估计模型与之类似。

选取 2005—2015 年为研究时段，2007—2015 年"两个比照"政策覆盖范围内的区域为受到政策影响的处理组。基准 DID 模型设计如下：

$$Y_{i,t} = \beta_0 + \beta_1 treat_{i,t} + \beta_2 treat_{i,t} \times t_{i,t} + \beta_3 t_{i,t} + \beta_4 X_{i,t} + \varepsilon_{i,t} \quad (5\text{-}12)$$

式中下标 i 和 t 分别表示 i 地区和 t 年，出于简便，采用省去下标的变量对模型进行阐释。Y 为被解释变量，分别为 GDP 和人均 GDP，用以指代经济规模和经济发展水平。$treat$ 和 t 均为虚拟变量，衡量是否为处理组以及是否处于处理年份，$treat = 1$ 表示为处理组样本，$treat = 0$ 则为控制组样本，2007 年之后 $t = 1$，2007 年之前 $t = 0$。在政策效应的评估中，本书还加入了一系列控制变量（X），包括地方政府规模（gov）、财政赤字（def）、固定资产投资（inv）、产业结构（is）、工业化程度（ind）、储蓄率（sav）、基础教育水平（edu）以及基本医疗水平（med）等。$\varepsilon_{i,t}$ 为随机误差项。依据公式（5-12），本书可以得到控制组（$treat = 0$）在 2007 年之前（$t = 0$）和 2007 年之后（$t = 1$）的经济增长分别为 β_0 和 $\beta_0 + \beta_3$，则控制组在政策实施前后经济增长的变化幅度为 β_3。同样，可以得到处理组在政策实施前后经济增长的变动幅度为 $\beta_2 + \beta_3$，从而政策实施影响处理组城市的净效应为 β_2。因此，β_2 是我们关心的核心参数，若"两个比照"政策对地区经济发展有显著的推动作用，则 β_2 应为正数。需要说明的是，在对公式（5-12）进行固定效应分析时会导致 $treat$ 项缺失，而 β_1 并非我们关心的核心参数，因此我们选择在模型中加入地区固定效应（α_i），将公式（5-12）改写为：

$$Y_{i,t} = \beta_0 + \beta_1 treat_{i,t} \times t_{i,t} + \beta_2 t_{i,t} + \beta_3 X_{i,t} + \alpha_i + \varepsilon_{i,t} \quad (5\text{-}13)$$

由于政策的实施对经济增长具有滞后性，我们进一步加入 2007—2015 年的时间虚拟变量以检验"两个比照"政策对地方经济增长的动态边际效应，参照毛其淋、许家云（2017）的相关研究，将方程具体转化为公式（5-14）：

$$Y_{i,t} = \beta_0 + \lambda_q \sum_{q=2007}^{2015} treat_{i,t} \times t_{i,t} \times YERA^q + \beta_1 t_{i,t} + \beta_2 X_{i,t} + \alpha_i + \varepsilon_{i,t}$$

$$(5\text{-}14)$$

式中 q 代表年份，通过公式（5-14）可以得到政策实施前后处理组和对照组经济增长的变动分别为 $\beta_0 + \beta_1 + \lambda_q$ 和 $\beta_0 + \beta_1$，因此，λ_q 即为政策实施对处理组历年的动态边际效应。

在得到"两个比照"政策对经济增长的平均效应和动态边际效应后，我们仍然关注的是"两个比照"政策对经济增长的作用机制，本章通过构建中介效应模型考察"两个比照"政策的作用机制，中介效应模型的设定如下：

$$Y_{i,t} = a_0 + a_1 \, treat_{i,t} \times t_{i,t} + a_2 t_{i,t} + a_3 X_{i,t} + \alpha_i + \varepsilon_{i,t} \qquad (5\text{-}15)$$

$$x_{i,j,t} = b_0 + b_1 \, treat_{i,t} \times t_{i,t} + b_2 t_{i,t} + b_3 X_{i,t} + \alpha_i + \varepsilon_{i,t} \qquad (5\text{-}16)$$

$$Y_{i,t} = c_0 + c_1 \, treat_{i,t} \times t_{i,t} + c_2 t_{i,t} + c_3 X_{i,t} + c_4 \sum_j x_{i,j,t} + \alpha_i + \varepsilon_{i,t}$$

$$(5\text{-}17)$$

模型（5-15）为被解释变量对解释变量的回归，模型（5-16）为中介变量对解释变量的回归，模型（5-17）为被解释变量对解释变量和中介变量的回归。式中，$treat \times t$ 为解释变量，x 为中介变量，下标 j 表示第 j 个中介变量，相当于"两个比照"政策实施对经济增长的第 j 种作用渠道，其余变量含义与前式所述相同。参照温忠麟和叶宝娟（2014）[①] 的研究，本书对中介效应模型的估计过程如下：首先，依据估计结果中 a_1 的显著性认定中介效应或遮掩效应；其次，估算 b_1 和 c_4，若二者均显著，则为中介效应，否则则需进行 $Bootstrap$ 检验二者乘积是否为 0。在 b_1 和 c_4 均显著的情况下若 c_1 不显著则为"完全中介效应"，反之则有直接效应；最后，比较 $b_1 \times c_4$ 与 c_1 的符号，同号为中介效应，异号则为遮掩效应。在中介效应的估计中，本书是按照"两个比照"的"三基地、一枢纽"的政策实施的战略目标选取具体的中介变量。

第四节　区域发展战略绩效模型估计与结果说明

一、倾向得分匹配（PSM）

首先通过 PSM 方法对评估样本进行配对以克服样本可能存在的选择偏误问题。本章在样本匹配时选取 Logit 模型计算倾向得分并进行核匹配，同时附加"共同支持"（common support）条件。在样本匹配过程中，本书分别对基年和事前的共同取值范围与数据的平衡性进行了检验。在观测值是否具有共同取值范围的鉴定中，本书分别以 2007 年"比照东北振兴"政策实验的观测值和 2005 年"比照西部大开发"政策实验的观测值为准，对基年数据的共同取

---

① 温忠麟，叶宝娟. 有调节的中介模型检验方法：竞争还是替补？[J]. 心理学报，2014，46（5）：714-726.

值范围进行了论证。"比照东北振兴"的政策实验共有 283 个观测值，结果显示控制组共有 115 个样本不在共同取值范围中（off support），控制组其余 142 个观测值和 26 个处理组样本均在共同取值范围中（on support）。在"比照西部大开发"的政策实验中，县（区、市）样本共计 498 个，控制组有 258 个观测值处于共同取值范围中，处理组 240 个观测值处于共同取值范围中（on support）。接着，本书对事前期间数据的共同取值范围进行了考察。在 2005—2007 年"比照东北振兴"的政策实验中，控制组有 322 个样本不在共同取值范围中，其余控制组的 449 个样本以及处理组的 78 个样本均在共同取值范围内。在 2005—2007 年"比照西部大开发"的政策实验中，控制组和处理组分别仅有 11 个和 0 个样本不在共同取值区间。可以看出，绝大多数观测值在基期以及事前期间均在共同取值范围内，因此，进行倾向得分匹配不会造成样本出现大量损失。随后，本章分别对基期和事前期间的数据平衡性进行了检验。

表 5-3　2007 年"比照东北振兴"政策实验观测值平衡性检验结果

协变量	匹配与否	均值		标准化偏差（%）	标准化偏差缩小幅度（%）	T 检验
		处理组	控制组			
gov	匹配前	0.111	0.132	−46.1	88.2	−1.73
	匹配后	0.111	0.109	5.5		0.31
def	匹配前	0.047	0.075	−58.1	94.1	−2.22
	匹配后	0.047	0.045	3.4		0.19
inv	匹配前	0.521	0.515	3.7	−98.7	0.17
	匹配后	0.521	0.509	7.3		0.26
is	匹配前	0.375	0.355	26.9	37.3	1.18
	匹配后	0.375	0.362	16.9		0.54
ind	匹配前	0.528	0.486	42.3	62.8	1.77
	匹配后	0.528	0.543	−15.7		−0.59
sav	匹配前	1.167	1.068	20.3	99.0	1.07
	匹配后	1.167	1.168	−0.2		−0.01
edu	匹配前	0.174	0.207	−81.7	92.6	−3.59
	匹配后	0.174	0.176	−6.1		−0.24
lnmed	匹配前	3.472	3.272	62.2	86.1	2.71
	匹配后	3.472	3.499	−8.6		−0.34

注：表中数据为 Stata13.0 计算结果，下同。

表5-4　2005年"比照西部大开发"政策实验观测值平衡性检验结果

协变量	匹配与否	均值		标准化偏差（%）	标准化偏差缩小幅度（%）	T检验
		处理组	控制组			
rup	匹配前	85.984	83.552	28.1	94.9	3.12
	匹配后	85.982	85.859	1.4		0.17
lnparg	匹配前	1.881	2.197	-15.1	15.7	-1.70
	匹配后	2.004	1.738	12.8		1.34
lnpind	匹配前	2.956	3.523	-77.5	94.8	-8.64
	匹配后	2.958	2.927	4.0		0.45
def	匹配前	21.127	35.486	-67.9	96.2	-7.52
	匹配后	21.529	22.069	-2.6		-0.37
lnpasv	匹配前	3.602	3.86	-56.7	85.5	-6.34
	匹配后	3.609	3.646	-8.2		-0.93
loan	匹配前	7.231	10.808	-13.5	56.9	-1.49
	匹配后	7.460	9.002	-5.8		-0.74
lninv	匹配前	2.472	3.048	-66.6	94.7	-7.48
	匹配后	2.535	2.504	3.6		0.43
lnmed	匹配前	2.699	2.858	-41.1	52.9	-4.59
	匹配后	2.706	2.780	-19.3		-2.16
edu	匹配前	0.163	0.153	30.7	86.1	3.44
	匹配后	0.162	0.160	4.3		0.46

表5-5　2005—2007年"比照东北振兴"政策实验观测值平衡性检验结果

协变量	匹配与否	均值		标准化偏差（%）	标准化偏差缩小幅度（%）	T检验
		处理组	控制组			
gov	匹配前	0.101	0.124	-36.6	93.8	-2.33
	匹配后	0.101	0.099	2.3		0.33
def	匹配前	0.043	0.071	-45.3	94.1	-2.91
	匹配后	0.043	0.041	2.7		0.37
inv	匹配前	0.494	0.599	-13.8	98.6	-0.87
	匹配后	0.494	0.493	0.2		0.04
is	匹配前	0.379	0.359	26.2	39.6	2.00
	匹配后	0.379	0.367	15.9		0.90

表5-5(续)

协变量	匹配与否	均值		标准化偏差	标准化偏差缩小	T检验
		处理组	控制组	（%）	幅度（%）	
ind	匹配前	0.518	0.472	45.0	66.3	3.22
	匹配后	0.518	0.533	−15.2		−1.00
sav	匹配前	1.209	1.112	18.1	97.3	1.51
	匹配后	1.209	1.213	−0.5		−0.03
edu	匹配前	0.157	0.192	−79.2	90.9	−5.86
	匹配后	0.157	0.160	−7.2		−0.54
lnmed	匹配前	1.130	0.919	63.1	94.1	4.66
	匹配后	1.130	1.143	−3.7		−0.26

表 5-6　2005—2007 年"比照西部大开发"政策实验观测值平衡性检验结果

协变量	匹配与否	均值		标准化偏差	标准化偏差缩小	T检验
		处理组	控制组	（%）	幅度（%）	
rup	匹配前	83.345	82.778	30.1	93.8	4.73
	匹配后	85.319	85.478	−1.9		−0.31
lnparg	匹配前	1.964	2.274	−15.1	50.0	−2.39
	匹配后	2.003	1.848	7.5		1.12
lnpind	匹配前	3.098	3.699	−75.3	91.0	−11.89
	匹配后	3.113	3.059	6.8		1.06
def	匹配前	27.566	45.897	−53.6	97.1	−8.42
	匹配后	27.779	28.319	−1.6		−0.30
lnpasv	匹配前	3.703	3.958	−55.4	94.0	−8.76
	匹配后	3.709	3.725	−3.3		−0.53
loan	匹配前	6.961	10.374	−13.8	62.2	−2.16
	匹配后	7.028	8.319	−5.2		−0.93
lninv	匹配前	2.81	3.354	−62.9	97.7	−9.97
	匹配后	2.816	2.803	1.4		0.22
lnmed	匹配前	2.739	2.898	−41.0	55.7	−6.48
	匹配后	2.743	2.813	−18.2		−2.87
edu	匹配前	0.159	0.148	33.0	73.5	5.25
	匹配后	0.158	0.155	8.8		1.36

其中，"比照东北振兴"政策实验观测值的平衡性检验结果表明，除去产业结构（is）和工业化程度（ind）两个变量在基期和事前匹配后的标准化偏差小于20%外，其余变量均小于10%，且变量在匹配处理后的t检验值均小于1.96，可以接受"处理组与控制组无系统差异"的原假设，匹配结果较好（Rosenbaum和Donald，1983）①。"比照西部大开发"政策实验观测值的平衡性检验结果表明，匹配后变量除基本医疗水平（med）的标准化偏差小于20%外均小于10%，t值检验结果也接受了原假设，较为合理。在下文实证部分本书将进一步采用对全样本进行PSM处理后的数据进行DID分析。相应的估计表格见表5-3至表5-6。

二、"比照东北振兴"政策影响效力及作用机制

政策影响效力主要包括平均处理效应和时间效应两个方面，时间效应也即边际动态处理效应，本书分别依据公式（5-13）和公式（5-14）进行估测。

首先本书计算"比照东北振兴"战略实施的平均效应。在估算过程中，本章一方面引入时间哑变量，选取固定效应方法直接对面板数据进行双重差分估计，另一方面则采用PSM-DID方法，冀以通过PSM处理减轻样本选择偏差和遗漏变量以及其他非观测因素对结果准确性的影响，继而在PSM处理结果的基础上进行DID分析，通过上述两类方法来论证结果的稳健性。平均处理效应的结果如表5-7所示。

在表5-7中本书分别以GDP和人均GDP的对数作为被解释变量。结果表明，当被解释变量为lngdp时，与DID方法的估计结果相比，PSM-DID的估计结果均有限放大了净效应（$t \times treat$）的系数，而较大幅度缩小了政策实施前后对政策未惠及区域政策的影响（t的系数）。估计结果显示，"比照东北振兴"政策的实施使处理组城市的经济规模相对于比照组增长了4.0%。然而当被解释变量为lnpgdp时，估计结果则说明"比照东北振兴"政策并没有给处理组城市带来显著的额外增长空间，考虑到人均GDP或劳动生产率可以作为经济发展质量的衡量指标（陈诗一、陈登科，2018），因此"比照东北振兴"政策对中部地区处理组城市经济转型和提质增效起到的作用仍是有限的。

平均处理效应并不能反映政策实施的时间变动趋势，接下来本书按照公式（5-14）评估"比照东北振兴"政策实施的动态边际处理效应。在估算过程中

---

① ROSENBAUM P R, RUBIN D B. The central role of the propensity score in observational studies for causal effects [J]. Biometrika, 1983, 70 (1): 41-55.

本书区分了包含控制变量和不包含控制变量两种模型估计形式，并综合选取 DID 和 PSM-DID 两种方法对模型进行估计，结果如表 5-8 所示。可以看出，模型估算结果也支持了"比照东北振兴"政策的实施提升了处理组城市的经济规模，而对处理组城市经济发展水平的净影响则不显著，同时政策效应的发挥还表现出鲜明的时滞性。具体来看，第一，在 lngdp 为被解释变量的动态边际效应模型估计中，是否加入控制变量以及是否对样本进行匹配对动态边际效应的结果影响并不大，说明结论具有一定的稳健性。较为明显的是，2007—2010 年，"比照东北振兴"政策实施的动态边际效应并不显著，2011 年之后政策效应才开始显现。"两个比照"政策紧随中央关于中部崛起《意见》于 2007 年出台，各地政府对政策文件的学习、部署和落实往往会耗去较多时间，导致政策真正起作用的时间推迟至 2011 年，但是与 2007 年政策出台伊始之年相比，2008—2010 年政策实施的动态边际效应由负转正，并有上升趋势，这一时期政策影响效力不显著也可能是受金融危机冲击的影响。2011 年之后，"比照东北振兴"政策的动态边际处理效应在各个模型的估计结果中均出现了较大幅度的抬升，除 2013 年政策效应出现短暂的下降外，其余实施年份政策对处理组城市的效应均呈上升态势。需要说明的是，2014—2015 年的动态边际处理效应均出现了明显的上升，这可能是得益于国务院印发的《关于大力实施促进中部地区崛起战略的若干意见》(国发〔2012〕43 号)，受此政策文件的约束，相关县市均加强了各项政策的落实力度，但考虑到政策实施的滞后性，该文件真正发挥效力出现在 2014 年之后。相比较而言，"比照东北振兴"战略的实施在政策发挥效力后对处理组城市经济规模的增长相对于对照组平均增长 6% 以上。第二，在 lnpgdp 为被解释变量的动态边际效应模型估计中，本章得到了与平均处理效应相同的结果，即政策的实施并没有明显带动处理组城市经济发展水平的提升，城镇化率偏低以及低附加值的产业结构限制了"比照东北振兴"战略对人均 GDP 的拉动效应。

表 5-7 "比照东北振兴"政策的实施对经济增长的平均处理效应估计结果

解释变量	(1) lngdp				(2) lnpgdp			
	PSM-DID	DID	PSM-DID	DID	PSM-DID	DID	PSM-DID	DID
t×treat	0.039 9**	0.036 0**	0.040 7***	0.030 7*	0.014 2	−0.005 4	0.015 5	−0.011 9
	(0.016 7)	(0.016 9)	(0.015 7)	(0.016 1)	(0.020 5)	(0.024 3)	(0.019 6)	(0.023 7)
t	0.216 1***	0.737 3***	0.216 4***	1.055 0***	0.216 2***	0.707 0***	0.219 5***	1.012 3***
	(0.009 3)	(0.007 8)	(0.009 6)	(0.008 1)	(0.011 4)	(0.011 2)	(0.012 0)	(0.011 9)
gov			0.440 5***	0.099 4***			0.436 1**	0.111 6***
			(0.139 7)	(0.028 3)			(0.174 8)	(0.041 6)

表5-7（续）

解释变量	(1) lngdp				(2) lnpgdp			
	PSM-DID	DID	PSM-DID	DID	PSM-DID	DID	PSM-DID	DID
def			-1.032 6***	-0.254 9***			-0.834 4***	-0.309 3***
			(0.157 9)	(0.053 0)			(0.197 5)	(0.077 8)
inv			-0.012 5**	-0.000 4			-0.010 8	0.003 3
			(0.005 6)	(0.003 6)			(0.007 0)	(0.005 3)
sav			-0.146 9***	-0.143 7***			-0.158 7***	-0.148 5***
			(0.011 1)	(0.009 0)			(0.013 9)	(0.013 2)
edu			-0.473 8***	-0.017 8			-0.665 8***	-0.047 8**
			(0.120 6)	(0.015 8)			(0.000)	(0.023 1)
_cons	-0.576 9***	-0.797 6***	-0.312 4***	-0.624 5***	0.503 4***	0.280 3***	0.803 1***	-1.13 1***
	(0.005 2)	(0.004 4)	(0.027 4)	(0.011 7)	(0.006 4)	(0.006 3)	(0.034 2)	(0.000)
R^2	0.927 9	0.927 5	0.928 8	0.927 6	0.878 3	0.848 6	0.889 3	0.856 7
N	2 294	3 113	2 294	3 113	2 294	3 113	2 294	3 113

注：括号内为标准误。表中数据为 Stata13.0 估计结果。*** $p<0.01$，** $p<0.05$，* $p<0.1$，下表同。

表5-8 "比照东北振兴"政策对经济增长的动态边际处理效应估计结果

解释变量	(3) lngdp				(4) lnpgdp			
	PSM-DID	DID	PSM-DID	DID	PSM-DID	DID	PSM-DID	DID
YEAR[2007]× t×treat	-0.014 9	-0.004 0	-0.011 5	-0.003 5	-0.003 9	0.003 7	-0.001 2	0.003 6
	(0.026 1)	(0.026 5)	(0.024 4)	(0.025 3)	(0.032 1)	(0.038 1)	(0.030 7)	(0.037 1)
YEAR[2008]× t×treat	0.006 8	0.013 1	0.006 8	0.009 1	0.015 5	0.015 2	0.016 5	0.010 2
	(0.026 0)	(0.026 5)	(0.024 4)	(0.025 3)	(0.032 1)	(0.038 1)	(0.030 6)	(0.037 1)
YEAR[2009]× t×treat	0.015 4	0.016 1	0.018 2	0.013 8	0.030 0	0.036 2	0.032 6	0.033 0
	(0.025 9)	(0.026 5)	(0.024 3)	(0.025 3)	(0.032 0)	(0.038 1)	(0.030 6)	(0.037 1)
YEAR[2010]× t×treat	0.028 7	0.025 1	0.033 0	0.023 0	0.035 7	0.013 2	0.040 3	0.009 0
	(0.025 9)	(0.026 5)	(0.024 4)	(0.025 3)	(0.032 0)	(0.038 1)	(0.030 6)	(0.037 1)
YEAR[2011]× t×treat	0.059 1**	0.055 4**	0.061 6**	0.049 0*	0.017 6	-0.016 3	0.019 9	-0.023 7
	(0.025 9)	(0.026 5)	(0.024 4)	(0.025 3)	(0.031 9)	(0.038 1)	(0.030 5)	(0.037 1)
YEAR[2012]× t×treat	0.058 7**	0.050 5*	0.062 3**	0.044 6*	0.018 8	-0.021 3	0.023 3	-0.028 6
	(0.026 0)	(0.026 5)	(0.024 4)	(0.025 3)	(0.032 0)	(0.038 1)	(0.030 6)	(0.037 1)
YEAR[2013]× t×treat	0.058 7**	0.046 1*	0.059 6**	0.040 9	-0.030 4	-0.033 7	-0.028 5	-0.040 5
	(0.025 9)	(0.026 5)	(0.024 4)	(0.025 3)	(0.031 9)	(0.038 1)	(0.030 6)	(0.037 1)
YEAR[2014]× t×treat	0.064 9**	0.053 1**	0.064 6**	0.045 4*	0.020 6	-0.021 5	0.020 9	-0.030 9
	(0.025 9)	(0.026 5)	(0.024 3)	(0.025 3)	(0.031 9)	(0.038 1)	(0.030 5)	(0.037 1)
YEAR[2015]× t×treat	0.081 7***	0.068 2**	0.073 5**	0.054 9**	0.023 4	-0.024 5	0.015 3	-0.040 2
	(0.025 9)	(0.026 5)	(0.024 4)	(0.025 3)	(0.032 0)	(0.038 1)	(0.030 6)	(0.037 1)
YEAR[2007]	0.223 7***	0.212 7***	0.224 3***	0.203 7***	0.218 6***	0.211 0***	0.221 4***	0.202 9***
	(0.009 7)	(0.008 0)	(0.010 0)	(0.007 7)	(0.011 9)	(0.011 5)	(0.012 5)	(0.011 3)

表5-8(续)

解释变量	(3) lngdp				(4) lnpgdp			
	PSM-DID	DID	PSM-DID	DID	PSM-DID	DID	PSM-DID	DID
YEAR^{2008}	0.335 1***	0.328 8***	0.342 6***	0.326 3***	0.316 9***	0.317 1***	0.324 0***	0.316 1***
	(0.009 6)	(0.008 0)	(0.009 8)	(0.007 7)	(0.011 8)	(0.011 5)	(0.012 3)	(0.011 3)
YEAR^{2009}	0.454 5***	0.453 8***	0.488 5***	0.474 9***	0.426 5***	0.420 3***	0.458 4***	0.443 6***
	(0.009 4)	(0.008 0)	(0.009 7)	(0.007 8)	(0.011 5)	(0.011 5)	(0.012 1)	(0.011 4)
YEAR^{2010}	0.602 0***	0.605 6***	0.628 8***	0.626 2***	0.564 7***	0.587 3***	0.586 9***	0.610 6***
	(0.009 3)	(0.008 0)	(0.010 0)	(0.008 0)	(0.011 5)	(0.011 5)	(0.012 6)	(0.011 7)
YEAR^{2011}	0.731 7***	0.735 5***	0.748 8***	0.747 5***	0.674 0***	0.708 0***	0.688 5***	0.721 6***
	(0.009 2)	(0.008 0)	(0.009 9)	(0.007 7)	(0.011 4)	(0.011 5)	(0.012 5)	(0.011 4)
YEAR^{2012}	0.824 5***	0.832 6***	0.854 2***	0.850 3***	0.760 7***	0.800 8***	0.789 5***	0.820 8***
	(0.009 4)	(0.008 0)	(0.011 2)	(0.007 8)	(0.011 6)	(0.011 5)	(0.014 1)	(0.011 5)
YEAR^{2013}	0.895 6***	0.908 2***	0.925 3***	0.934 0***	0.858 7***	0.862 0***	0.885 1***	0.889 7***
	(0.009 3)	(0.008 0)	(0.010 7)	(0.007 9)	(0.011 4)	(0.011 5)	(0.013 4)	(0.011 6)
YEAR^{2014}	0.948 6***	0.960 5***	0.981 7***	0.990 9***	0.880 8***	0.923 0***	0.909 5***	0.955 1***
	(0.009 2)	(0.008 0)	(0.010 5)	(0.008 0)	(0.011 3)	(0.011 5)	(0.013 2)	(0.011 7)
YEAR^{2015}	0.989 2***	1.002 7***	1.047 6***	1.052 6***	0.914 3***	0.962 2***	0.967 2***	1.015 1***
	(0.009 3)	(0.008 0)	(0.011 2)	(0.008 3)	(0.011 4)	(0.011 5)	(0.014 1)	(0.012 2)
_cons	-0.576 8***	-0.797 6***	-0.307 8***	-0.624 8***	0.503 4***	0.280 3***	0.799 6***	0.464 4***
	(0.005 2)	(0.004 4)	(0.027 4)	(0.011 7)	(0.006 4)	(0.006 3)	(0.034 4)	(0.017 2)
R^2	0.919 4	0.920 1	0.929 1	0.927 6	0.863 0	0.832 7	0.875 1	0.841 4
N	2 294	3 113	2 294	3 113	2 294	3 113	2 294	3 113
控制变量	No	No	Yes	Yes	No	No	Yes	Yes

注：表中数据为 Stata13.0 估计结果。

在上文中，本章对"比照东北振兴"战略实施的平均处理效应和动态边际处理效应进行了评估，结果表明"比照东北振兴"战略的实施对惠泽区域经济规模的提高具有较强的"净效应"，动态边际处理效应则在 2011 年后得到了显著的提升。接下来，本章通过中介效应模型分解"比照东北振兴"战略对中部崛起的作用机制。考虑到"两个比照"政策服务于中部崛起"三基地、一枢纽"（全国重要粮食生产基地、能源原材料基地、现代装备制造及高技术产业基地和综合交通运输枢纽）的战略目标，但是由于不能统计到各城市现代装备制造及高技术产业的详细数据，同时结合平均处理效应的估计结果可以知道"两个比照"政策对经济提质增效的影响有限，因此，本章在模型中选取农业发展水平（agr）、工业化程度（ind）、交通基础设施（lntraffic）作为中介变量，同时还选取了职工人数（lnemp）和职工工资（lnwage）用以指代政府"挤入效应"及要素禀赋。估计结果如表5-9所示。

表 5-9 "比照东北振兴"政策影响经济规模的作用机制分解

解释变量	渠道(一) ind	渠道(一) lngdp	渠道(二) agr	渠道(二) lngdp	渠道(三) lnemp	渠道(三) lngdp	渠道(四) lntraffic	渠道(四) lngdp	渠道(五) lnwage	渠道(五) lngdp
t	0.017 4*** (0.003 3)	0.200 2*** (0.027 0)	−0.014 3*** (0.002 5)	0.167 3*** (0.020 4)	0.020 8*** (0.002 1)	0.199 5*** (0.026 9)	0.677 7*** (0.013 8)	1.016 9*** (0.028 4)	0.192 5*** (0.023 8)	0.154 9*** (0.017 5)
treat×t	0.009 0*** (0.002 6)	0.030 5** (0.009 9)	0.011 3*** (0.002 5)	0.056 4*** (0.016 3)	0.113 7*** (0.022 1)	0.026 8** (0.009 5)	0.041 0*** (0.011 9)	0.028 3*** (0.009 6)	−0.032 6*** (0.009 4)	0.038 2*** (0.011 8)
ind		1.268 9*** (0.122 2)								
agr				−2.299 3*** (0.140 9)						
lnemp						0.032 4** (0.013 6)				
lntraffic								0.055 9** (0.020 8)		
lnwage										0.235 4*** (0.057 1)
_cons	0.510 2*** (0.020 9)	−0.628 0*** (0.085 1)	0.156 8*** (0.006 4)	−0.267 4*** (0.063 8)	3.264 1*** (0.026 0)	−0.733 8*** (0.083 2)	6.469 1*** (0.030 5)	−0.989 4*** (0.203 7)	0.476 9*** (0.031 8)	−0.740 3*** (0.104 6)
R^2	0.225 6	0.934 5	0.400 0	0.949 0	0.260 2	0.934 9	0.514 2	0.935 5	0.910 1	0.938 2
控制变量	Yes	Yes	Yes	Yes	Yes	Yes	Yes	Yes	Yes	Yes
地区固定	Yes	Yes	Yes	Yes	Yes	Yes	Yes	Yes	Yes	Yes
时间固定	Yes	Yes	Yes	Yes	Yes	Yes	Yes	Yes	Yes	Yes
Coef_ind_eff	0.379 9***	0.101 3***	0.475 2***	0.167 2***	0.369 9***					
Z值	14.82	6.65	11.61	5.28	7.52					
P值	0.000	0.000	0.000	0.000	0.000					

注：表中结果为 Stata13.0 估计结果。控制变量包括 gov、sav 和 def。括号内为标准误。Coef_ind_eff 为 Bootstrap1000 次估计的间接效用系数。*** p < 0.01，** p < 0.05，* p < 0.1，下同。

表 5-9 列出了本章考察"比照东北振兴"战略影响经济规模的 5 种作用渠道。结果证实,第一,"比照东北振兴"战略的实施较好地推动了中部地区"三基地,一枢纽"战略目标的实现。本书选取在模型中依次加入农业份额(agr)、工业比重(ind)、道路面积(traffic)、职工人数(emp)、职工工资(wage)的方法对机制进行考察,估计结果均显示核心变量显著,"比照东北振兴"战略的实施分别使处理组城市的各经济变量相对于对照组变动了 1.13%、0.90%、4.10%、11.37% 和 -3.26%,职工人数的提升和职工工资的下降说明处理组城市吸纳就业能力的提升或拥有廉价劳动力的优势,但也可能是劳动密集型等低附加值产业比重抬高的结果。第二,渠道(一)、(三)、(四)的系数估计结果表明存在中介效应,在加入中介变量对模型进行重新估计后,解释变量的系数明显变小,这也进一步证明了中介效应的存在,渠道(一)、(三)、(四)的中介效应占总效应的比例为 37.44%、12.08% 和 7.51%;渠道(二)和渠道(五)的估计结果表明模型存在遮掩效应,渠道(二)指出农业份额的提升会相对降低地区经济规模,渠道(五)则强调了"比照东北振兴"政策使处理组的职工工资相对于对照组有较为明显的下降,因此在加入中介效应的模型中,解释变量的系数会变大,渠道(二)和(五)的间接效应与直接效应的比值(绝对值)为 46.07% 和 20.09%。第三,在上述系数估计结果均显著的情况下可以认定存在中介效应而不需进行 sobel 检验,为了稳健起见,本书还对模型中介变量的存在性进行了 bootstrap 检验,原假设为中介效应为 0,估算结果均显示间接效应系数(Coef_ind_eff)显著不为 0,也再次证实了中介效应的存在。第四,本书还将教育(edu)、基本医疗水平(lnmed)、技术进步偏向(bias)(限于篇幅,此处从略,备索)作为中介变量进行估计,检验结果表明以上经济变量并没有发挥政策促进处理组城市崛起的中介效应,技术进步偏向机制没有通过检验可能是该指标的计算是基于省级面板数据或政策实行而导致的要素价格变迁,没有引起不同要素之间要素增强型技术进步的显著更迭。

三、"比照西部大开发"政策的影响效应检验及作用机制分解

本章接下来对"比照西部大开发"政策影响效力进行分析。与"比照东北振兴"战略助推城市转型的战略意图不同,本章认为"比照西部大开发"

战略更突出了民生导向，注重增加财政转移、发展农业和解决贫困。因此，参照刘瑞明和赵仁杰（2015）①对作用机制的考察方式，本书首先验证"比照西部大开发政策"对经济增长的影响。结果如表5-10所示。

在表5-10中本章使用了两套数据对"比照西部大开发政策"的平均处理效应进行了估计，模型（1）—（8）的考察期为2005—2014年，模型（9）—（10）为本章使用的第二套数据，考察时期为2005—2010年。在估计方法的选取方面，模型（1）—（4）直接选用固定效应模型进行DID分析，模型（5）—（10）则是使用PSM-DID方法。在模型估计中，本书均控制了地区固定效应和时间固定效应，并通过选择是否加入控制变量检验估计结果的可靠性。在使用第二套数据进行的估计中，模型（9）—（10）经过PSM处理后，控制组和处理组分别有3个和2个样本不在共同取值区间。遗憾的是，无论是否加入控制变量，模型的估计结果均显示核心解释变量的估计系数为负值或不发生作用，表明"比照西部大开发"政策的实施不仅没有给县域经济水平的提高带来"净效应"，经济规模也未能随政策的施行而较比照组出现提升，相反甚至发生负向阻碍作用，这可能是因为在"比照西部大开发"政策的因势利导下，243个县级行政单位可能选择了不具生产率优势的产业，如发展传统农业等，这无疑将拉低整个地区的平均生产率水平。

因此，接下来本书关心的是"比照西部大开发"政策究竟给中部地区243个县级行政单位带来了什么？"比照西部大开发"政策的战略要点是否达成？本书进一步采用PSM-DID的方法测度政策的实施对其他经济变量的影响，具体如表5-11所示。

---

① 刘瑞明，赵仁杰.西部大开发：增长驱动还是政策陷阱——基于PSM-DID方法的研究[J].中国工业经济，2015（6）：32-43.

表 5-10 "比照西部大开发"政策的实施对经济增长的平均处理效应估计结果

解释变量	DID				PSM-DID					
	(1) lngdp	(2) lngdp	(3) lnpgdp	(4) lnpgdp	(5) lngdp	(6) lngdp	(7) lnpgdp	(8) lnpgdp	(9) lngdp	(10) lnpgdp
t	0.872 2***	0.570 3***	0.877 3***	0.569 4***	0.044 3***	0.567 9***	0.850 2***	0.567 9***	0.374 3***	0.373 8***
	(0.007 7)	(0.010 1)	(0.008 0)	(0.010 6)	(0.008 8)	(0.010 6)	(0.009 3)	(0.010 6)	(0.012 3)	(0.012 3)
treat×t	-0.002 9	-0.015 8*	0.000 0	-0.013 6	-0.003 4	-0.014 0	-0.000 7	-0.014 0	-0.011 9	-0.016 8**
	(0.010 5)	(0.008 9)	(0.011 0)	(0.009 3)	(0.009 6)	(0.009 3)	(0.010 2)	(0.009 3)	(0.008 4)	(0.008 4)
_cons	3.507 3***	2.504 9***	1.986 9***	0.925 2***	3.510 1***	0.920 9***	1.987 6***	0.920 9***	2.618 4***	1.011 1***
	(0.004 7)	(0.036 0)	(0.004 9)	(0.037 6)	(0.004 3)	(0.037 7)	(0.004 6)	(0.037 7)	(0.050 5)	(0.050 5)
R^2	0.855 9	0.897 2	0.845 3	0.889 3	0.886 5	0.876 9	0.867 7	0.876 9	0.803 5	0.844 7
N	4 980	4 980	4 980	4 980	4 973	4 957	4 973	4 957	2 974	2 974
控制变量	No	Yes	No	Yes	No	Yes	No	Yes	Yes	Yes
地区固定	Yes	Yes	Yes	Yes	Yes	Yes	Yes	Yes	Yes	Yes
时间固定	Yes	Yes	Yes	Yes	Yes	Yes	Yes	Yes	Yes	Yes

注：lnent, lninv 和 ser 为控制变量。

表 5-11 "比照西部大开发"政策的实施对经济变量的影响

解释变量	产业发展机制			政府调控机制		融资信贷机制		居民增收机制	
	(1) lnagr	(2) lnind	(3) lnser	(4) $lndef_1$	(5) $lndef_2$	(6) loan	(7) lninv	(8) lnincome	(9) lnwage
t	0.527 2***	1.059 7***	1.009 9***	1.261 6***	1.306 4***	0.034 2***	1.292 0***	0.147 3***	0.443 0***
	(0.006 9)	(0.014 6)	(0.010 4)	(0.015 8)	(0.008 9)	(0.012 8)	(0.020 8)	(0.005 6)	(0.008 7)
treat×t	0.061 8***	-0.000 1	0.020 8*	0.042 7***	0.038 7***	-0.068 9***	0.065 7***	-0.019 8***	0.068 0***
	(0.009 4)	(0.016 0)	(0.011 4)	(0.017 3)	(0.009 8)	(0.014 0)	(0.022 8)	(0.006 5)	(0.010 2)
_cons	1.989 9***	2.563 8***	2.344 7***	0.145 5***	1.359 1***	0.667 3***	4.802 2***	7.915 8***	0.137 0***
	(0.004 2)	(0.007 1)	(0.005 1)	(0.007 7)	(0.004 4)	(0.006 3)	(0.010 2)	(0.002 7)	(0.004 2)
R^2	0.731 3	0.774 9	0.813 9	0.841 3	0.938 0	0.039 5	0.790 6	0.793 0	0.725 0
N	4 973	4 973	4 968	4 973	4 973	4 973	4 973	2 983	2 956
地区固定	Yes	Yes	Yes	Yes	Yes	Yes	Yes	Yes	Yes
时间固定	Yes	Yes	Yes	Yes	Yes	Yes	Yes	Yes	Yes

表 5-11 依据"比照西部大开发"政策执行的战略要点，设定了产业发展、政府调控、融资信贷和居民增收四种作用机制，对应于"比照西部大开发"政策中的支持农业发展、繁荣商贸物流、加大转移支付、强化信贷支撑、紧抓建设资金以及脱贫减贫、共享发展的战略要义。其中模型（9）在考察在岗职工工资时由于缺乏湖北省的襄州区以及麻城、天门和潜江三个地级市的数据，因此与第二套数据相比少了四个地区，这也构成了本章研究的第三套数据，第三套数据的控制组和处理组在经过 PSM 处理后分别有 5 个和 3 个样本不在共同取值区间。从模型的估计结果可以看出，第一，"比照西部大开发"政策给处理组县（市、区）的第一产业增加值和第三产业增加值相对于比照组分别显著提高了 6.18% 和 2.08%，这也说明该项政策的实行确实引导了中部地区农业以及商贸物流等产业的发展，其中农业的发展尤为显著。在工业经济方面，中部地区工业经济主要集中于城市，县域工业经济可能地理区位、资源禀赋等的缺陷导致政策的实施并没有给处理组县（市、区）培育出相对于比照组明显的生产优势。第二，从政府调控机制和融资信贷机制来看，"比照西部大开发"中"加大转移支付力度"的政策确实得到了较好地落实和贯彻，政府转移支付的增加撬动了县域固定资产投资，建设资金投入也得以加大，估计结果显示政策的实行给处理组县（市、区）的政府支出、政府收入以及固定资产投资较对照组显著提高了 4.27%、3.87% 和 6.57%，政策的实行可能产生了"粘蝇纸效应"。然而，该项政策对贷款规模的影响相比对照组降低了 6.89 个百分点，究其原因，一方面可能是因为政府投资对民间资本存在"挤出效应"，另一方面可能是市场经营风险和投资者决策行为使然。第三，民生问题始终是各项政策实施过程中关注的焦点，也是各项政策贯彻落实的本质要求。模型（8）—（9）的估计结果表明，"比照西部大开发"政策的实施对城镇职工收入产生了较强的"净效应"，使处理组样本相对于比照组提高了 6.80%，然而却使农民收入相对降低了 1.98 个百分点。

四、稳健性检验

本章的稳健性检验在上述分析过程中均有体现，主要包括两个部分：一是本书分别选取 DID 和 PSM-DID 两种方法对模型进行估计，结果显示核心解释变量的系数均没有出现符号上的变动，系数大小变动范围也相对较小，表明模型估计具有较强的稳健性。同时，在模型的估计过程中，本章都是采用不加入控制变量和加入控制变量两种方法分别进行双重差分处理，结果也表明本章的结果具有较强的可靠性。二是本章在对两个"比照政策"进行效应评估时，均有考察缩减样本或缩短考察时间对结果的影响，结果也表明文中模型的估计结果具有稳健性。尤其是在"比照西部大开发"政策效应的评估中，本章使用了三套数据，结果也均表现出稳定性，故而本章的结果稳健。

第五节　本章小结

"两个比照"政策是中部崛起战略的核心举措，具有覆盖范围广、可操作性强和扶持力度大的优点，有力促成了中部地区打造"三基地、一枢纽"的发展定位，是促进中部崛起的主要抓手和执本之举，为《促进中部地区崛起"十三五"规划》的出台奠定了坚实基础。然而目前鲜有关于"两个比照"政策的相关评述，定量分析"两个比照"政策实施效果的研究更是鲜见。"两个比照"政策实施已有十年之久，新时代中部地区"一中心、四区"的发展新定位也是对"两个比照"政策的延续和升华，因此，对"两个比照"政策的定量评估和科学评测仍是把脉中部地区的基础性研究，而目前仍乏人问津。本章结合理论分析和 PSM-DID 方法对"两个比照"政策的实施效果进行评估，尝试为中部崛起及中部地区未来的发展提供洞见。

在政府政策的因势利导架构下，地区产业结构会受政府干预的影响而服务于某种战略意图，形成地区经济增长特有的依赖路径，本章在理论分析部分将政策干预纳入 CES 生产函数，通过推演得出本章以要素供给和技术变迁为基本路径的政策效应分析框架。结合理论模型，同时考虑到中部崛起"三基地、一枢纽"的发展定位，本章提出了"两个比照"政策会推动中部地区经济增长但具有政策时滞性以及政策效力发挥受限两个假说。接着，本章实证考察了"比照东北振兴"和"比照西部大开发"两个政策对中部崛起的作用及影响机制。实证结果显示：第一，在"比照东北振兴"政策效应的评估中，本章提出的两个假说得到了验证。首先，"比照东北振兴"政策的实施使处理组城市的经济规模较对照组有显著的提高，然而却没有对经济转型和提质增效产生明显的作用。其次，受金融危机以及政策落实时间成本等的影响，"比照东北振兴"政策在 2011 年才对经济增长有显著的提拉效力。2012 年相关文件对"两个比照"政策的重申和强调也是到 2014 年才显著提高了政策的作用力度。最后，依据"三基地、一枢纽"的发展目标，本章设计了"比照东北振兴"政策对市域经济的作用机制，检验结果支持了这一目标的基本实现，但是农业区经济规模下滑以及教育投入对经济增长影响不显著等的问题仍值得关注。第二，在"比照西部大开发"政策效应的评估中，由于数据获取渠道受限，本书在该部分设计了三套数据进行分析。结果表明，"比照西部大开发"政策的实施不仅没有给县域经济水平的提高带来"净效应"，经济规模也没有随政策的施行而较比照组出现明显提升，相反甚至发生负向阻碍作用。继而本书按照"比照西部大开发"政策的战略着力点设计了"比照西部大开发"政策的产业发展、政府调控、融资信贷、居民增收四种影响机制，结果也基本支持了"比照西部大开发"政策在支持农业发展、促进商贸物流、加大转移支付、强化信贷支撑、紧抓建设资金投入等方面的成就。从脱贫减贫和共享发展的角度，"比照西部大开发"政策的实施使处理组县（市、区）城镇职工工资较对照组提高了6.80%，然而却使农民人均纯收入相比对照组下降了1.98%。此外，政策实行诱发的县域"粘蝇纸效应"以及政府投资对民间资本的"挤出效应"也值得关注。

本章认为，"两个比照"政策主要的战略着力点基本得到了落实，"三基地、一枢纽"的战略定位也基本得到实现，然而其对中部崛起的作用主要体现在"增量"而非"提质"上，政策在实行中也存在一些政策缺位或执行扭曲的问题，在未来长期的发展中应予以足够关注。本研究对中部崛起的启示主要有：第一，以创新作为经济发展的首要驱动力，将中部地区在新时代的发展聚焦于提质增效和高质量发展上。贯彻"发展是第一要务，人才是第一资源，创新是第一动力"的发展理念，依托新一代信息技术加速传统产业转型升级，在"老树发新芽"的同时积极培育战略性新兴产业。打造中部地区产业集群，提升中部地区产业国际竞争力，不断推动中部地区产业攀向价值链高端。第二，关注民生问题，培育和打造新时代新型城乡关系。全面落实乡村振兴战略，建立农业核心区的专项补贴和补偿政策。加快推进中部地区城镇化，着力破除农民进城落户的前置性障碍，以城镇化拓宽农民增收渠道，以"三权分置"保障农民基本权益，探索路径赋予农民更多的财产权，让中部地区成为推动农民市民化的示范区和先头区域。完善中部地区生态保护机制，增强居民绿色幸福感。第三，专注区域政策的精准化设计。加紧研制针对不同发展区域的政策制定规范，依据政策实施绩效及时修正机制和完善相关政策。强化对政策实施的监管力度，科学评估政策实施效果，审慎出台政策调整方案。健全财政、货币、产业、区域等经济政策协调机制，提升各项政策的实施效率，着力解决发展的不平衡不充分问题。

第六章 资源错配：区域产业政策对地区经济增长的影响

    前文分析的逻辑是在初步评判国家发展战略对地区经济增长影响的基础上，选取空间和时间的双重视阈审视发展战略对地区发展格局的影响，总体上遵循了一般性到具体化的分析路径。

    纵观现有研究及前文的相关论证，本书认为有关发展战略对区域经济增长的研究仍然缺乏宏观探讨的微观基础。再者，产业政策是政府干预经济的主要手段，产业政策的执行在某种程度上会影响地区经济发展的空间格局等。因此，本书还需要找到某项政策，这项政策既干预地区产业发展，又影响地区经济的地理区位，从而为地区经济增长宏观层面的研究提供微观层面的论证。

    开发区政策是一个较好的视角，一方面园区附属在具体的地理区位上；另一方面，开发园区的设立多确定了具体的主导产业，从而会对地区的产业结构以及经济地理产生影响。区别于企业的"自主集聚"，在园区政策的诱导下，不仅本区域企业会进入园区进行作业，政府还会通过政策优惠等方式吸引区外企业进入园区，这种以政府政策诱导为可能性条件而实现的空间聚集，本书将其称为"诱导型集聚"。这些"诱导型集聚"的企业可能会出于获取"园区光环"而采取策略性入园，这在一定程度上会带来企业选址的变迁，但并不必然促进企业提质增效。此外，政府的园区政策会形成以地域为主导的边界性政策，因此，特定的园区政策会导致资源配置路径发生变迁。

    接下来，本章以政策诱导集聚为视角探究"诱导型集聚"对经济增长的影响，并重点突出资源配置的作用渠道。首先，结合中国工业企业数据库数据，本书构建了衡量政策诱导集聚强度的指标，并对该指标进行了统计和测度。进而，本章在理论分析部分通过区分"自主集聚"与政策"诱导型集聚"两种情境进行演绎，提出政策诱导集聚影响资源错配从而影响经济增长的理论假说。实证部分则从宏观视角和微观企业层面对理论假说进行了考证。

结果表明，由于地区选址和企业选择偏向上的扭曲，政策诱导型集聚的经济增长效应表现出显著的地区异质性。一是政策诱导型集聚在经济发展水平较高的地区才表现出显著的正向促进作用；二是与劳动错配相比，政策诱导集聚更利于缓解资本错配，其在资本错配程度高的地区对经济增长的效用更大；三是开发区企业在降低资源错配和经济增长方面较非开发区企业确有优势，但这种优势是比较微弱的，以及开发区企业全要素生产率（TFP）参差不齐、开发区均衡布局等可能是导致政策诱导集聚对经济增长整体作用不显著的关键原因。对中部地区的分析结果显示，企业 TFP 方差与中部地区经济增长呈正相关关系，这表明中部地区经济增长更多地配置到 TFP 较大的企业，然而落后的或者 TFP 较低的企业存活于市场也导致中部地区资源重置较难深入推进，资源配置效率可能陷入"低效"陷阱，难以实现深度调节或优化。据此，本章结合区域导向型政策——开发区的政策案例，阐释了区域发展战略影响地区经济增长的资源错配渠道，为中国中部地区乃至全国不同区域强化区域战略影响效力提供了有效借鉴，以规避政策扭曲与绩效发生折扣，同时为集聚相关研究提供新的洞见。

第一节　产业园区实践：导向型发展到有效集聚

在未来较长的时期内，空间集聚仍是我国经济地理空间演绎的基本形态。空间集聚有利于增强规模经济和范围经济影响效力，减轻资源错配，推动集聚区经济衍生相对生产率优势（Syverson，2004；赵永亮等，2014）[1][2]。党的十九大报告提出"培育若干世界级先进制造业集群"和构建"以城市群为主体的大中小城市和小城镇协调发展的城镇格局"的战略目标，可以看出，空间集聚是我国新时代下解决社会主要矛盾、推动平衡发展和充分发展的重要方略和关键抓手。

集聚是经济活动最典型的地理特征。Krugman 基于垄断竞争的 Dixit-Stiglitz 模型，借鉴冰山运输成本概念、马歇尔外部性理论以及产业组织等理论，构建模型阐释了制造业集聚及农业区拱卫的空间形态（CP 模型），并通过一般均衡的解析将经济地理研究范式正统化，开创和推动了空间经济学进入

---

① SYVERSON C. Product substitutability and productivity dispersion [J]. The review of economics and statistics, 2004, 86（2）：534-550.

② 赵永亮，杨子晖，苏启林. 出口集聚企业"双重成长环境"下的学习能力与生产率之谜——新-新贸易理论与新-新经济地理的共同视角 [J]. 管理世界，2014（1）：40-57.

主流经济学（Krugman，1991）①。按照 Ottaviano（2011）② 的观点，"后 Krugman"时代打破了经济地理学与国际贸易学的理论分割状态，国际贸易理论也摆脱了过去依赖规模收益不变和完全竞争市场结构的理论窠臼，加速了经济地理学与国际贸易学两个学科的融合速率。新经济地理学（NEG）认为集聚具有"自我增强"的特质。遗憾的是，其通常仅考量产品异质，企业以及人的同质性假定与现实相悖，这一理论缺陷也为新新经济地理学（NNEG）所诟病（Ottaviano，2011）③。Melitz（2003）④ 将异质性企业引入新贸易理论分析框架，考察了贸易风险影响异质性企业进入和退出市场的内在机理，并指明贸易保护政策意在为低生产率企业提供"避风港"，该文章的发表引发了有关新新贸易理论（NNTT）的研究热潮。在贸易理论发展的同时，Baldwin and Okubo（2006）⑤ 首次将企业异质性引入空间经济学，开创了学界对新新经济地理学的研究，他们认为异质企业所拥有的自选择效应（selection effect）会引致对集聚效应的高估，继而强化"核心－外围"的经济地理结构，诱发分类效应（sorting effect），驱使高生产率企业向核心区集聚，生产率较低的企业则外迁边缘区，从而也解释了旨在提高边缘区市场份额和追求均等增长政策的"低效困境"。新新经济地理对企业同质假设的放松也使得异质性企业区位选择和异质性劳动力区位选择成为当前的研究热点（梁琦等，2016；2018）⑥⑦。

制度方面因素也是影响空间区位的关键因素。如外围产业转移政策会吸引低生产率企业迁入。Bernini and Pellegrini（2011）⑧ 以意大利的 Law 488 条例

① KRUGMAN P. Increasing returns and economic-geography [J]. Journal of political economy, 1991, 99（3）：483-499.

② OTTAVIANO G I P. 'New' new economic geography：Firm heterogeneity and agglomeration economies [J]. Journal of economic geography, 2011, 11（2）：231-240.

③ OTTAVIANO G I P. 'New' new economic geography：Firm heterogeneity and agglomeration economies [J]. Journal of economic geography, 2011, 11（2）：231-240.

④ MELITZ M J. The impact of trade on intra-industry reallocations and aggregate industry productivity [J]. Econometrica, 2003, 71（6）：1695-1725.

⑤ BALDWIN R E, OKUBO T. Heterogeneous firms, agglomeration and economic geography：spatial selection and sorting [J]. Journal of economic geography, 2006, 6（3）：323-346.

⑥ 梁琦，陈强远，王如玉. 异质性企业区位选择研究评述 [J]. 经济学动态, 2016（4）：126-139.

⑦ 梁琦，李建成，陈建隆. 异质性劳动力区位选择研究进展 [J]. 经济学动态, 2018（4）：122-137.

⑧ BERNINI C，PELLEGRINI G. How are growth and productivity in private firms affected by public subsidy? Evidence from a regional policy [J]. Regional science and urban economics, 2011, 41（3）：253-265.

为例，考察了致力于促进落后地区企业发展的区域政策对地区经济的影响。结果显示，L. 488 条例促进了落后地区就业和固定资产投资的增长，然而惠泽地区企业生产率的增长却相比非补贴企业更慢，从而证实了致力于推动落后地区发展的优惠政策对地区长远发展和生产率提升作用有限。Okubo and Tomiura (2012)① 基于对日本企业的考察，发现边缘区域产业转移政策并不会吸引高生产率企业迁入。不仅如此，税收政策也会引发异质性企业的区位再选择。Baldwin and Okubo (2009)② 指出税收政策会引致"避税"行为，促使企业做出区位再选择的决议。

不难发现，区位理论在新新经济地理学的研究范式下内涵更加丰富。企业"异质性"假定赋予了企业在政策因势利导框架下的区位选择自主性。按照新结构经济学观点，若政策诱导能够体现禀赋优势，顺应要素供需动态，则会给经济增长带来较大利好（林毅夫，2003）③。相反，按照空间政治经济学观点（陆铭，2017）④，政策性诱导会引发资源错配。时下，我国正致力于加速经济活动和各类要素的空间集聚，诸多园区、新区、中心城市和城市群等"群雄竞起"，集聚发展已成为我国推动区域协调发展和提升地区发展质量的接续战略，然而鲜有文献关切政策性诱导集聚对经济运作的影响机理。本书在该章的边际贡献有：第一，理论层面，拓展了集聚经济学研究以及丰富了空间政治经济学研究。现有对集聚问题的研究多遵循既定的范式，一是多以专业化集聚和多样化集聚为研究对象（范剑勇，2004；Frenken，2007）⑤⑥，二是多选取区位商、基尼系数、"熵"等指标（王俊松，2016）⑦ 进行测度。与之相对，本书并未着力刻画地区经济集聚的表层现象，首先依据集聚是否为企业自主为之，本书提出了"诱导型集聚"的内涵，继而按照政策诱导和达成集聚的双

① OKUBO T, TOMIURA E. Industrial relocation policy, productivity and heterogeneous plants: Evidence from Japan [J]. Regional science and urban economics, 2012, 42 (1): 230-239.

② BALDWIN R E, OKUBO T. Heterogeneous firms, agglomeration and economic geography: spatial selection and sorting [J]. Journal of economic geography, 2006, 6 (3): 323-346.

③ 林毅夫. 后发优势与后发劣势——与杨小凯教授商榷 [J]. 经济学（季刊），2003 (4): 989-1004.

④ 陆铭. 城市、区域和国家发展——空间政治经济学的现在与未来 [J]. 经济学（季刊），2017, 16 (4): 1499-1532.

⑤ 范剑勇，冯猛，李方文. 产业集聚与企业全要素生产率 [J]. 世界经济，2014, 37 (5): 51-73.

⑥ FRENKEN K, VAN OORT F, VERBUREG T. Related variety, unrelated variety and regional economic growth [J]. Regional studies, 2007, 41 (5): 685-697.

⑦ 王俊松. 集聚经济、相关性多样化与城市经济增长——基于 279 个地级及以上城市面板数据的实证分析 [J]. 财经研究，2016, 42 (05): 135-144.

重标准，进一步借助微观企业样本设计政策诱导集聚的强度指标，并对其进行了测度。相比已有文献，本书设计指标更加突出集聚形成中的政策诱导成分。本章也可视作空间政治经济学的增量研究，着重关注了"诱导型集聚"下的"资源错配效应"，即经济主体享有优惠的原则是取决于园区地理边界而非经济主体的生产率阈值。在政治经济学因素的支配下，资源配置并不唯一遵循"追逐生产率"原则，可能导致资源错配。第二，实践层面，为我国经济活动实现有效集聚提供了洞见。

此外，有关集聚与经济增长的议题，本书还需要关注两个方面的问题：一是集聚与经济增长之间并非简单的线性关系；二是引致集聚形成的不同因素也会导致地区要素禀赋的累积路径和累积结果表现各异。

第一，集聚与经济增长的关系长期来看表现出非线性特征。一般而言，集聚与经济增长之间存在"自增强"效应（self-reinforcing），集聚的强化有助于推动经济持续增长，Torre（2008）[1] 认为城市是经济活动、人口流动、知识传播和经验交流的主要集聚区，城市的不断壮大也会持续发挥压缩成本、加速转型和提质增效的作用。随着集聚的增强，集聚区的新入企业对在位企业的依附性会增强，这在空间形态上则表现为集聚的加剧（Martin and Ottaviano，2001）[2]。还有学者对集聚影响经济变量的议题进行了探究，如 Ciccone and Hall（1996）[3] 证实了集聚与生产率之间具有双向因果关系；Feldman and Audretsch（1999）[4] 则认为多样化集聚更利于城市创新等。然而，集聚并不会始终促进经济发展，Audretsch and Feldman（1996）[5] 结合行业生命周期理论，认为经济集聚在早期发挥集聚效应，但集聚效应随着生命周期的推移会出现失真，产生负外部性，出现拥塞效应（Broersma and Van Dijk，2008）[6]，不利于地区经济发展，由此证明了集聚对经济增长的非线性作用。

---

① TORRE A. On the role played by temporary geographical proximity in knowledge transmission [J]. Regional studies, 2008, 42（6）：869-889.

② MARTIN P, OTTAVIANO G I P. Growth and agglomeration [J]. International economic review, 2001, 42（4）：947-968.

③ CICCONE A, HALL R E. Productivity and the density of economic activity [J]. American economic review, 1996, 86（1）：54-70.

④ FELDMAN M P, AUSRETSCH D B. Innovation in cities: science-based diversity, specialization and localized competition [J]. European economic review, 1999, 43（2）：409-429.

⑤ AUDRETSCH D B, FELDMAN M P. R&D spillovers and the geography of innovation and production [J]. American economic review, 1996, 86（3）：630-640.

⑥ BROERSMA L, DIJK V J. The effect of congestion and agglomeration on multifactor productivity growth in Dutch regions [J]. Journal of economic geography, 2008, 8（2）：181-209.

第二，集聚的成因决定了要素禀赋的积累路径和动态演变结果。理论上，新经济地理学（NEG）和新新经济地理学（NNEG）分别提出集聚效应（agglomeration effects）和选择效应（selection effects）来刻画集聚的动因，集聚效应强调集聚推动产业发展（Ciccone，2002）[①]，选择效应则突出了发展较好的产业进行自我集聚（Baldwin and Okubo，2006）[②]。因此，按照集聚形成的动力，本书可以将集聚区分为"自主集聚"和"诱导型集聚"。需要强调的是，本书认为"自主集聚"更强调市场优胜劣汰机制下企业的"自选择"效应，政策诱导因素较小，"诱导型集聚"则多是由政府政策首先驱动，而后企业进行区位的自选择。二者的区别在于，前者多是出于信息共享、节约成本等"共赢"目的，后者则多是在政府政策利惠条件下，企业出于策略性目的而集聚的概率较大，可能出现企业缺乏集聚动力或企业在缺乏中间品关联的情况下由政府主导的出于环境规制、便于管理等的目的而使用行政手段实现的企业集聚。例如，我国的开发区政策多是在政府各项税收优惠政策下兴起，开发区设立初期在较大程度上促进了产业创新，对当地吸引外资、提升生产率、提高增加值、调整产业结构等均有积极影响，但是由于产业关联不足等原因导致集群机制发生扭曲，影响地区经济长远发展（李力行和申广军，2015；顾元媛和沈坤荣，2015）[③][④]。本章研究强调政府基于开发区政策设置的进入和退出门槛对园区产业实施保护或定向优惠的政策，使得资源在政策诱导下配置到拥有"园区光环"企业而非遵循追逐生产率原则。

第二节 区域产业政策影响经济增长的错配理论与研究假设

地区经济活动缘何集聚，诸多学者对这一问题进行了探讨。其中，对集聚成因最具概括性的研究当属 Fujita et al. (1999)[⑤]，他们将其归结为集聚形成的

---

① CICCONE A. Agglomeration effects in Europe [J]. European economic review, 2002, 46 (2): 213-227.

② BALDWIN R, OKUBO T. Heterogeneous firms, agglomeration and economic geography: spatial selection and sorting [J]. Journal of economic geography, 2006, 6 (3): 323-346.

③ 李力行, 申广军. 经济开发区、地区比较优势与产业结构调整 [J]. 经济学（季刊），2015, 14 (2): 885-910.

④ 顾元媛, 沈坤荣. 地方政府行为与企业研发投入——基于中国省际面板数据的实证分析 [J]. 中国工业经济, 2012 (10): 77-88.

⑤ FUJITA M, KRUGMAN P, VENABLES A J. The spatial economy: cities, regions, and international trade [M]. Cambridge: The MIT Press, 1999.

向心力和离散力。集聚所具有的影响效力也是学者研究经济空间分布关注的焦点，这一方面的研究多沿袭 Marshall（1920）[①] 和 Jacobs（1970）[②] 两条路径。

集聚与资源错配存有诸多关联。韩剑等（2014）[③] 指出资源错配多由政府干预引起，包括决策不当的产业政策（王文等，2014)[④]、区别对待的税费政策（Adamopoulos and Restuccia，2011)[⑤]、表征贷款资质的征信体系（Banerjee and Duflo，2005)[⑥] 等。资源错配会带来较大的经济损失，Restuccia and Rogerson（2008）[⑦] 通过考察发现资源配置效率的改善对1998—2005年中国每年 TFP 增长的贡献为2%。政策性诱导集聚也属政府干预范畴，其是否对资源配置以及经济增长产生影响目前仍乏人问津。

资源错配的分析需要厘清生产率（TFPQ）与收益生产率（TFPR）的区别（Foster et al.，2008)[⑧]，后者在数理模型测算中为生产率与价格指数的乘积。借鉴 Hsieh and Klenow（2009）[⑨] 模型，本书也分别从部门、行业和企业三个层面设定生产函数。与其直接将错配指数引入企业生产函数的设立方式不同，本书是将政策诱导引致的要素禀赋更迭继而利润函数变迁作为条件引入，如符合诱导条件的企业可以获得税收减免、信贷资质提升等，从而模型构建部分更多的是对企业生产函数的变更。

具体地，本书将 Acemoglu（2002）[⑩] 探讨技术进步偏向（directed technical change）时的价格效应（the pricing effect）和规模效应（the market size effect）引入 HK 模型。第一，要素规模效应。考虑劳动力流动具有理性预期成分，假

① MARSHALL A. Principles of economics [M]. London：Macmillan，1920.

② JACOBS J. The economy of cities [M]. New York：Vintage，1970.

③ 韩剑，郑秋玲. 政府干预如何导致地区资源错配——基于行业内和行业间错配的分解 [J]. 中国工业经济，2014（11）：69-81.

④ 王文，孙早，牛泽东. 产业政策、市场竞争与资源错配 [J]. 经济学家，2014（9）：22-32.

⑤ ADAMOPOULOS T，RESTUCCIA D. The size distribution of farms and international productivity differences [J]. American economic review，2014，104（6）：1667-1697.

⑥ BANERJEE A V，DUFLO E. Do firms want to borrow more? Testing credit constraints using a directed lending program [J]. The review of economic studies，2014，81（2）：572-607.

⑦ RESTUCCIA D，ROGERSON R. Policy distortions and aggregate productivity with heterogeneous plants [J]. Review of economic dynamics，2008，11（4）：707-720.

⑧ FOSTER L，HALTIWANGER J，SYVERSON C. Reallocation，firm turnover，and efficiency：Selection on productivity or profitability? [J]. American economic review，2008，98（1）：394-425.

⑨ HSIEH C T，KLENOW P J. Misallocation and manufacturing TFP in China and India [J]. The quarterly journal of economics，2009，124（4）：1403-1448.

⑩ ACEMOGLU D. Directed technical change [J]. The review of economic studies，2002，69（4）：781-809.

定政策调节资本要素的能力强于干预劳动要素，规模效应指政府政策改变对象企业获取要素的能力。第二，要素价格效应。即政策给予的交易前的成本优惠、交易中的税收减免、价格保护以及交易后的税收返还，如房租补贴、贴息贷款、人才引进等优惠政策一般会明确列示于入园"产业政策"中。依据上述分析，分别设定部门、行业和企业的生产函数：

$$Y = \prod_{s=1}^{S} Y_s^{\theta_s} \tag{6-1}$$

$$Y_s = \Big(\sum_{i=1}^{M_S} Y_{si}^{\frac{\sigma-1}{\sigma}} \Big)^{\frac{\sigma}{\sigma-1}} \tag{6-2}$$

$$Y_{si} = A_{si} \, (\lambda_k \, k_{si})^{\alpha_s} \, L_{si}^{1-\alpha_s}, \; \lambda_k \geq 1 \tag{6-3}$$

在生产函数的设定中，隶属同一行业的企业具有相同的产出弹性。可以看出，部门生产函数是以行业产品作为投入要素的 C-D 函数，行业生产函数则是对企业生产产品的组合。λ_k 体现政策诱导下的"规模效应"，也即要素支持政策。"价格效应"体现在单位要素投入的价格减免 z_k 与单位产品的价格支持 τ_y 基于上述假定，可得部门与行业间的拉格朗日函数以及企业利润函数，分别为：

$$L = \sum_{i=1}^{M_S} P_{si} Y_{si} + \lambda_s \Big[Y_s^{\frac{\sigma-1}{\sigma}} - \sum_{i=1}^{M_S} Y_{si}^{\frac{\sigma-1}{\sigma}} \Big] \tag{6-4}$$

$$\pi_{si} = (1 + \tau_y) \, P_{si} \, Y_{si} - w \, L_{si} - (1 - z_k) \, k_{si} \tag{6-5}$$

通过对上述两式分别进行求解，可以得到相应行业的产品价格指数以及企业劳动力、资本数量的公式（限于篇幅，公式结果可向作者索取）。进一步推演可得到的主要结论有：

$$TFP_s = \Bigg[\sum_{i=1}^{M_s} \Big(\frac{A_{si} \overline{TFPR_s}}{TFPR_{si}} \Big)^{\sigma-1} \Bigg]^{\frac{1}{\sigma-1}} \tag{6-6}$$

$$Log \, TFPR_{si} = Log \, \dot{A}_{si} + Log \, P_{si} - \alpha_s Log \, \lambda_k \tag{6-7}$$

在公式（6-6）中，行业 s 的生产率拆解后的负项为 $TFPR_{si}$ 的表达式，公式（6-6）取对数后，得到的总和生产率的负项为 $Log TFPR_{si}$ 的离散程度。在公式（6-7）中，$\dot{A}_{si}$ 为非诱导企业的生产率。按照公式（6-7）定义，第一，若政府所给予的产品面补贴力度大，政策性诱导集聚则会通过调节资本要素强化或加速要素的边际收益递减规律。第二，$TFPR_{si}$ 与政府的"产品支持政策"相关，由于 $\lambda_k \geq 1$，从而 $TFPR_{si}$ 与资本产出弹性与地区经济发展水平存在较大相关性。考虑异质性企业的选择效应和筛选效应，经济发展水平较高的地区通常也会集聚产出弹性较高的企业，从而 $\alpha_{sh} > \alpha_{sl}$。因此，从"生产率"的唯一原则来看，经济发展水平较高的区域，政策性诱导集聚会降低边际产品收益方差，缩小资源错配。第三，资源错配程度较高的地区，政策性诱导集聚越利于缩小资源错配，从而推动经济规模增长。据此，提出本书假说：

假说6-1：与劳动资源相比，政策性诱导调节资本错配更具优势。

假说6-2：经济发展水平较高的地区，政策性诱导集聚影响资源错配的效力更佳。

假说6-3：资源错配程度越高的地区，政策性诱导集聚通过资源配置影响经济的效力更强。

第三节　考察区域产业政策资源错配渠道的指标构建与测度

本部分围绕研究目的设计指标、选取变量，并进一步构建本章的分析框架。

一、政策性诱导集聚强度的指标设计

衡量政策诱导集聚强度需满足政策诱导和促成集聚两个要素。本章是基于开发区样本来设计政策诱导集聚强度的指标。目前，开发区在我国的地位已由改革开放的试验田拓展为政策诱导经济的主要手段，其具有明显的推动产业集聚的战略意图，且以推动专业化集聚为主。选取开发区样本还有以下考虑：第一，时间优势。开发区设立的时间相较城市群、中心城市更早，是改革开放初期政府推动经济集聚的主要抓手，研究区间广泛。第二，空间优势。目前，开发区地理分散的区位特征日益明显（向宽虎和陆铭，2015）①，已经遍布县乡甚至村镇一级行政单位，研究空间广阔，普适性强。第三，概念优势。开发区由政府批复后生效，随机性较强，更符合"诱导集聚"内涵。当前已有诸多关注开发区设立的文献，遗憾的是，鲜有学者强调开发区促进要素集聚的属性。因此，本书尝试通过设定指标测度"诱导集聚"强度，以期为相关领域的研究提供新的见解。

根据研究目的，本章可能用到的数据主要是《中国开发区审核公告目录》以及中国工业企业数据库数据。前者可依据的主要是2006年和2018年两个版

①　向宽虎，陆铭. 发展速度与质量的冲突——为什么开发区政策的区域分散倾向是不可持续的？[J]. 财经研究，2015，41（4）：4-17.

本，其中均详细记录了国家级开发区和省级开发区的批准时间、核准面积及主导产业，因此可用的数据仅为核准面积，考虑到单位土地面积产值不同，故而本书舍弃了这一数据样本，而最终选取了中国工业企业数据库数据。由于中国工业企业数据库数据量庞大，借鉴聂辉华等（2012）① 对该数据库的描述，本书选取 1998—2007 年为考察时期，并依据《中国开发区审核公告目录》（2006年版）对数据进行筛选。

本章分两步对中国工业企业数据库进行处理。第一步，筛查数据，匹配样本，初步整理 1998—2007 年的工业企业数据。本书剔除数据如下：第一，工业总产值、工业增加值、总资产、职工人数、固定资产净值、销售额缺失、等于或小于 0 的企业样本；第二，职工人数小于 10、销售额小于 500 万元、实收资本小于或等于 0 以及处于西藏自治区的企业样本；第三，总资产小于流动资产、总资产小于固定资产净值、累计折旧小于当年折旧等与会计准则不符的异常样本。此外，样本中若有关键变量（如工业增加值、工业总产值）缺失，本书按照聂辉华等（2012）② 进行统计，主要是 2001 年和 2004 年两个年度工业增加值的计算，2001 年选用"工业增加值＝工业总产值－工业中间投入＋增值税"，2004 年选用"工业增加值＝产品销售额－期初存货＋期末存货－工业中间投入＋增值税"，从而得到考察期内完整的工业增加值这一关键变量。第二步，甄别开发区企业样本。本书在向宽虎和陆铭（2015）③ 研究的基础上，进一步参照《中国开发区审核公告目录》（2006 年版），将甄别字段扩充并整合为："开发""工业园""工业区""园区""高新""加工区""投资区""贸易区""保税区""合作区"，若工业企业的各主要字段中包含一项即认定为开发区企业。

需要说明的是，本书在上述处理的基础上，进一步参照 Brandt（2012）④ 的方法对样本进行了匹配。但是，较为遗憾的是，依据匹配得到的非平衡面板数据，个别省份的企业在一些年份被悉数剔除。因此，为了保障数据统计和企业信息的完整性，本书在测算政策诱导集聚强度的指标时使用的是仅剔除不符

① 聂辉华，江艇，杨汝岱. 中国工业企业数据库的使用现状和潜在问题 [J]. 世界经济，2012，35（5）：142-158.

② 同①.

③ 向宽虎，陆铭. 发展速度与质量的冲突——为什么开发区政策的区域分散倾向是不可持续的？[J]. 财经研究，2015，41（4）：4-17.

④ BRANDT L, BIESEBROECK J V, ZHANG Y F. Creative accounting or creative destruction? Firm-level productivity growth in Chinese manufacturing [J]. Journal of development economics, 2012, 97（2）：339-531.

合会计准则和缺乏关键变量的样本，相应的开发区企业的筛选结果和统计情况参见表6-1。表中数据与多数文献的处理结果相似，考察期内开发区企业的数量整体上呈现上升趋势，具体的统计数据上的出入则是由数据处理精细程度以及筛选字段选取的不同而导致。

表6-1　开发区企业筛选结果统计

年份	1998	1999	2000	2001	2002	2003	2004	2005	2006	2007
企业总数/家	164 776	161 704	162 521	168 666	181 213	182 735	266 157	271 598	301 717	336 646
开发区企业/家	9 300	10 279	11 769	15 102	18 352	22 350	43 899	44 383	52 705	61 588
开发区企业比例/%	5.644	6.357	7.242	8.954	10.127	12.231	16.494	16.341	17.468	18.295
非开发区企业/家	155 476	151 425	150 752	153 564	162 861	160 385	222 258	227 215	249 012	275 058
非开发区企业比例/%	94.356	93.643	92.758	91.046	89.873	87.769	83.506	83.659	82.532	81.705

资料来源：作者统计结果。

得到非平衡面板数据后，构建政策性诱导集聚强度指标：

$$I = \frac{Subsidy\_income_i / \sum_{j=1}^{n} subsidy\_income_j}{GAV\_park_i / \sum_{j=1}^{n} GAV\_park_j} \tag{6-8}$$

在上式中，分子表示 i 地区开发区所得补贴收入所占比重，分母表示 i 地区开发区产值所占份额。因此，若 $I > 1$，则表明政府补贴比重大于产值份额，政策诱导强度过高。相反，则表明低产出区获得了较高资源，政策性诱导效率偏低。显然，政策性诱导集聚强度指标的计算需获取样本企业的地理信息，本书选取"邮政编码+单位名称"的方式匹配企业所在地。为了避免过多离群值对估算结果造成的严重影响，本书还剔除了青海和海南两个省份，剔除后的主要核心变量标准差均有缩小，从而本书主体部分的研究范围为28个省级行政区。

二、资源错配测度

有关资源错配指数的测算，现有文献多沿袭陈永伟和胡伟民（2011）[1] 的分析架构，本书也选取该文献，并选择相对扭曲系数。相对扭曲系数重在测度

---

[1] 陈永伟，胡伟民. 价格扭曲、要素错配和效率损失：理论和应用 [J]. 经济学（季刊），2011，10（3）：1401-1422.

要素实际配置与有效配置的偏离程度。以劳动要素为例，相对扭曲系数的测度方程为：

$$\hat{\gamma}_{Li} = \frac{L_i}{L} \bigg/ \frac{s_i \beta_{Li}}{\sum_{i=1}^{n} s_i \beta_{Li}} \qquad (6\text{-}9)$$

在上式中，分子部分 L_i/L 为 i 地区（部门）的劳动投入比重，β_{Li}/β_L 为劳动要素在地区（部门）间的有效配置状态，s_i 为 i 地区（部门）对整个地区（行业）的产出份额加权，从而计算要素配置扭曲系数的重点是对要素产出弹性从而配置有效状态做出估算。借鉴白俊红和刘宇英（2018）的研究，假定 C–D 函数具有规模报酬不变特征，同时将中间品简化为资本投入，整理可得：

$$Ln\left(\frac{Y_i}{L_i}\right) = Ln\, A_i + \beta_{Ki} \cdot Ln\left(\frac{K_i}{L_i}\right) + x_i + \mu_i + \gamma_t + \varepsilon_{it}, \beta_{Li} = 1 - \beta_{Ki}$$

$$(6\text{-}10)$$

在上式中，x_i 为控制变量。对于公式（6-10）的估计方法，本书首先使用 LSDV 法进行检验，结果显示互动项显著，故而适用变系数模型。在 LSDV 方法估算得到要素产出弹性后，根据公式（6-9）即可得到各地区的资源错配水平。公式（6-10）对关键参数的估计还需要统计产出、劳动以及资本等变量。数据选取情况如下：产出以 GDP 为准，并通过 GDP 指数平减；劳动投入按照年末就业人员数核算；资本投入选取"全社会"统计口径，采用永续盘存法（PIM）进行测算，基期数据选取单豪杰（2008）[①] 的估算结果，将新增固定资产作为历年的投资数据，选取收入法中的固定资产折旧核算上期转入本期的资本存量。相关数据源自《中国统计年鉴》《新中国六十年统计资料汇编》《中国劳动统计年鉴》以及各省统计年鉴。

三、控制变量

本书还选取产业结构、贸易开放、市场化水平等作为控制变量。第一，产业结构，选取产业结构高级化与产业结构合理化指标（干春晖等，2011）[②]。产值数据源自《中国统计年鉴》，就业人员数据源自《中国劳动统计年鉴》。

---

① 单豪杰. 中国资本存量 K 的再估算：1952—2006 年 [J]. 数量经济技术经济研究，2008, 25（10）: 17-31.

② 干春晖，郑若谷，余典范. 中国产业结构变迁对经济增长和波动的影响 [J]. 经济研究，2011, 46（5）: 4-16, 31.

第二，市场化水平，选用樊纲等（2011）[1] 的市场化指数。第三，贸易开放，选取对外贸易依存度指标。主要变量的描述性统计情况如表6-2所示。

表6-2　主要变量描述性统计

指标类别	变量符号	变量定义	最小值	平均值	中位数	最大值	标准差
被解释变量	Lngdp	国内生产总值（GDP），取对数	5.503	8.189	8.229	10.126	0.823
	Lnpgdp	人均国内生产总值（GDP），取对数	0.860	2.310	2.236	4.236	0.635
政策性诱导集聚	I	政策性诱导集聚指标	0.039	1.291	0.956	7.014	1.162
资源错配	Mis_L	劳动要素错配	-0.631	0.105	-0.069	1.606	0.519
	Mis_K	资本要素错配	-0.595	-0.051	-0.118	1.566	0.367
控制变量	market	市场化水平	1.720	5.588	5.180	10.92	1.842
	Stru_h	产业结构高级化	0.494	0.847	0.806	2.687	0.256
	Stru_r	产业结构合理化	-0.095	0.117	0.095	0.588	0.114
	open	贸易开放	0.040	0.321	0.128	1.668	0.387

注：表中资料为作者整理结果。

第四节　区域产业政策、资源错配与经济增长的研究设计

首先，考察政策性诱导集聚对经济增长和资源错配的影响，模型设定如下：

$$\text{Lngdp}_{it} = a_0 + a_1 I_{i,t} + a_2 x_{i,t} + \mu_i + \mu_t + \varepsilon_{i,t} \qquad (6-11)$$

$$\text{Misallocation}_{i,j,t} = b_0 + b_1 I_{i,t} + b_2 x_{i,t} + \mu_i + \mu_t + \varepsilon_{i,t} \qquad (6-12)$$

在上式中，$I_{i,t}$ 为政策性诱导集聚强度指标，$x_{i,t}$ 为控制变量，μ_i、μ_t 分别为地区固定效应和时间固定效应，$\varepsilon_{i,t}$ 为随机扰动项。在公式（6-11）和公式（6-12）中，核心变量与被解释变量间的双向因果关系以及模型可能存在的遗漏变量、估计误差等问题可能导致内生性问题。据此，本书首先选取 Sys-GMM（系统广义矩估计）构建动态面板模型进行估计。

其次，选取门限面板模型，考察资源错配条件下政策性诱导集聚对地区经济增长的影响。经后文论证，双重面板模型通过检验，估计模型设计为：

---

① 樊纲，王小鲁，马光荣. 中国市场化进程对经济增长的贡献 [J]. 经济研究，2011，46（9）：4-16.

$$\mathrm{Lngdp}_{i,t} = \alpha_{0,t} + \alpha_{1t} I_{i,t} \times \pi(Mis_{i,j,t} < \gamma_1) + \alpha_{2t} I_{it} \times \pi(\gamma_1 \leq Mis_{i,t} < \gamma_2) +$$
$$\alpha_{3t} I_{it} \times \pi(Mis_{i,j,t} \geq \gamma_2) + \sum \gamma_j x_{ijt} + \varepsilon_{it} \quad\quad (6\text{-}13)$$

在上式中，门槛变量为资源错配指数（$Mis_{i,j,t}$）。此外，为了给出本书宏观结论的微观证据，本书还将基于微观企业数据，变更资源错配测度方法，考察企业是否入园对资源错配及地区经济增长的影响，模型设计如下：

$$\mathrm{Lngdp}_{it} = \eta_0 + \eta_1\, \mathrm{enter}_t + \eta_2\, x_{i,t} + \mu_i + \mu_j + \mu_t + \varepsilon_{i,t}, \mathrm{enter}_t = \begin{cases} 1, \text{园区企业} \\ 0, \text{园外企业} \end{cases}$$
$$(6\text{-}14)$$

$$\mathrm{Misallocation}_{it} = \xi_0 + \xi_1\, \mathrm{enter}_t + \xi_2\, x_{i,t} + \mu_i + \mu_j + \mu_t + \varepsilon_{i,t} \quad (6\text{-}15)$$

在上式中，enter_t 表示企业是否为入园的虚拟变量，μ_j 为企业固定效应，其余变量含义同上。

第五节　区域产业政策影响经济增长的资源错配渠道检验

本部分实证估计第三部分的模型设计，冀以考证第二部分所提假说。本部分整体使用两套数据，一套是在整理中国工业企业数据库的基础上加总形成省级的面板数据，另一套则使用中国工业企业数据库微观企业数据。

一、多重共线性检验

本部分首先结合方差膨胀因子对模型进行多重共线性检验，以避免模型估计失真。表 6-3 检验结果显示，解释变量的方差膨胀因子最大为 2.82，表明模型不存在多重共线问题。

表 6-3　主要解释变量的方差膨胀因子（VIF）

检验	I	Mis_L	Mis_K	open	market	Stru_h	Stru_r	均值
VIF	1.10	2.12	2.82	2.65	1.80	1.25	1.38	1.87
1/VIF	0.908	0.471	0.355	0.378	0.557	0.801	0.723	0.548

注：表中数据为作者整理结果。

二、基准回归结果分析

（一）政策性诱导集聚对经济增长影响的估计结果

分别选用固定效应模型和动态面板模型对公式（6-11）进行估计，基准回归结果如表 6-4 所示。需要说明的是，在第 1 套数据的估计中，由于数据并非随机样本，且具有 "T 小 N 大" 的特征，模型中会存在异方差问题，从而在内生性问题的检验中，选取 DWH 检验相比 Hausman 检验更具适用性。首先，固定效用模型估计结果列示于表 6-3 的模型（1）—（2），可以看出DWH 检验结果均显示 P 值在 10% 的水平上显著，拒绝了 "解释变量外生" 的原假设。针对内生性，本书选取内生变量的滞后项作为工具变量，并选用两步系统广义矩估计法（Two-Step System GMM）对模型进行估计，同时为了减轻遗漏变量的影响，模型（3）—（6）为动态面板模型的估计结果。考虑到国家在 2003 年对开发区进行了清理整顿，从而构建 2003 年平分虚拟变量与政策性诱导集聚交互项变量，估计结果见模型（5）和模型（6）。结果显示，在整个考察期内，政策性诱导集聚对经济增长表现出微弱的负向作用。模型（1）—（4）结果较为稳健，在控制了被解释变量滞后项后，政策性诱导集聚会使经济发展的冲击收窄 0.2 个百分点。与 2003 年之前相比，2003 年后政策诱导强度的提升给经济增长造成的负向影响达到 0.8%，表明政策性诱导集聚的短期效应可能更为显著。

表 6-4　政策性诱导集聚对经济增长影响的参数估计结果

解释变量	模型（1）Lngdp	模型（2）Lnpgdp	模型（3）Lngdp	模型（4）Lnpgdp	模型（5）Lngdp	模型（6）Lnpgdp
$Lngdp_{t-1}$			0.999 5 *** (0.004 1)		0.995 9 *** (0.005 6)	
$Lnpgdp_{t-1}$				1.009 0 *** (0.007 6)		1.009 2 *** (0.009 0)
I	-0.003 6 (0.003 2)	-0.003 6 (0.003 2)	-0.001 8 * (0.001 0)	-0.001 9 ** (0.000 9)		
I×T（t>2003）					-0.008 8 *** (0.001 7)	-0.007 8 *** (0.001 1)
_cons	7.727 3 *** (0.038 2)	1.847 7 *** (0.038 2)	0.135 1 *** (0.032 1)	0.073 6 *** (0.013 7)	0.150 4 *** (0.040 9)	0.111 3 *** (0.016 9)
控制变量	YES	YES	YES	YES	YES	YES
地区固定	YES	YES	No	NO	NO	NO
时间固定	YES	YES	YES	YES	YES	YES
估计方法	FE	FE	Sys-GMM	Sys-GMM	Sys-GMM	Sys-GMM
AR（1）-P 值			0.583 4	0.462 7	0.749 2	0.839 8
AR（2）-P 值			0.223 0	0.170 1	0.265 6	0.245 5

表6-4(续)

解释变量	模型(1) Lngdp	模型(2) Lnpgdp	模型(3) Lngdp	模型(4) Lnpgdp	模型(5) Lngdp	模型(6) Lnpgdp
Sargan test (P 值)			9.128 1 (1.000 0)	13.322 0 (1.000 0)	21.418 7 (0.433 6)	18.561 4 (0.613 3)
DWH 检验 F 值 (P 值)	2.990 1* (0.085 5)	2.990 1* (0.085 5)				
R^2	0.988 4	0.988 4				

注：表中数据为作者估计结果，括号内为标准误，标准误聚类到地区层面。* $p<0.1$，** $p<0.05$，*** $p<0.01$。

对于第一种猜想，本书通过二次拟合曲线（图6-1）及面板门限模型给出相应的论证。图6-1在绘制过程中剔除了政策性诱导集聚强度大于6的两个样本。结合图6-1可以看出，政策性诱导集聚强度多位于（0，2］区间。整体来看，在考察期内，政策性诱导集聚强度与经济增长表现为负向相关，但是置信区间变大的趋势明显。因此，进一步借助门限模型进行分析，估计结果如表6-5所示。表6-5是以 Lngdp 和 Lnpgdp 作为门槛变量，结果均证实，在经济发展水平较低的地区，强化政策性诱导集聚会引发实际经济产值波动，而在经济发展水平相对较高的地区，政策性诱导集聚对经济增长表现出正向的促进作用，这也支持了向宽虎和陆铭[23]的研究中有关开发区均衡布局不可持续性的论述。第二种猜想将在后文给出论证。

上述分析显示，政策性诱导集聚对经济增长表现出负向冲击，本书认为可能的原因在于集聚区选址和企业选择偏向上出现扭曲。首先，就前者而言，我国地区间开发区的平衡布局趋势在 2003—2006 年增强（向宽虎和陆铭，2015)①。2003 年后，我国国家高新技术开发区和国家经济技术开发区面积较为稳定，但省级经济技术开发区却有大幅上涨，尤其是在我国西部地区。2003—2007 年，西部地区省级经济开发区面积增长了 37.30 万公顷，占全国开发区净增面积的 29.47%，然而，西部地区（不含西藏）的 GDP 规模占全国的比重仅由 17.31% 升至 18.08%。因此，从区域层面上可能存在政策资源的错配问题。其次，结合表6-1可以看出，开发区企业的数量逐年增长，因此开发区的设立也可能在入园企业选择以及后期帮扶企业的筛选上存在偏差。

---

① 向宽虎，陆铭. 发展速度与质量的冲突——为什么开发区政策的区域分散倾向是不可持续的？[J]. 财经研究，2015，41（4)：4-17.

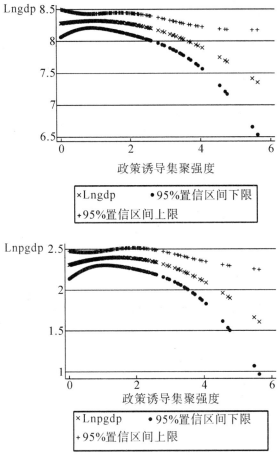

图6-1　政策性诱导集聚与经济增长的二次项拟合

表6-5　政策诱导集聚影响经济增长的双门槛模型参数估计结果

解释变量	模型（7）Lngdp	解释变量	模型（8）Lnpgdp
I×I（Lngdp≤6.755）	−0.333 7*** (0.042 7)	I×I（Lnpgdp≤1.768）	−0.062 2*** (0.010 7)
I×I（6.755<Lngdp≤8.251）	−0.058 2*** (0.020 2)	I×I（1.768<Lnpgdp≤2.833）	0.028 7*** (0.008 0)
I×I（Lngdp>8.251）	0.078 3*** (0.027 9)	I×I（Lnpgdp>2.833）	0.130 9*** (0.024 9)
_cons	8.053 5*** (0.152 6)	_cons	1.387 7*** (0.054 3)

表6-5(续)

解释变量	模型（7）Lngdp	解释变量	模型（8）Lnpgdp
控制变量	YES	控制变量	YES
地区固定	NO	地区固定	NO
时间固定	YES	时间固定	YES
门槛检验 F 值（P 值）	92.144 ***（0.000）	门槛检验 F 值（P 值）	67.660 ***（0.000）
R^2	0.646 6	R^2	0.905 8

（二）政策性诱导集聚、资源错配与经济增长

首先考察政策性诱导集聚与资源错配的关系。本书测算了地区层面的劳动要素和资本要素错配水平，并拟合了政策性诱导集聚与劳动错配、资本错配的二次项，具体如图 6-2 所示。整体来看，政策性诱导集聚与劳动错配之间的关系表现出单调趋势递增的特征，而政策性诱导集聚与资本错配的关系图谱则表现出"U"形。具体来看，第一，随政策性诱导集聚强度的提升，劳动要素错配开始偏离劳动供需均衡点，出现劳动要素使用不足现象，但偏离缺口逐渐收窄，变动趋势渐缓，政策性诱导集聚对劳动错配的影响相对较小；第二，政策性诱导集聚对资本错配的调节效应呈现递减趋势。在干预较低时，资本错配程度较低。随后资本错配小于 0 表明资本出现过度使用，而这种局势在政策性诱导集聚强度达到 3 以后出现一定的缓解。

参照上述估计结果，本书需要在接下来考察政策性诱导集聚影响资本错配的模型中引入二次项，相应的参数估计结果如表 6-6 所示。资源错配条件下政策性诱导集聚对经济增长影响的参数估计结果如表 6-7 所示。在表 6-6 中，模型（9）—（11）是本书使用固定效应模型和动态面板模型的估计结果。参数估计结果与上述图谱分析结论一致，政策性诱导集聚对资本错配表现出"U"形影响，而对劳动错配的影响较小。表 6-7 中的估计结果显示，就经济规模而言，政策性诱导集聚在资源错配较高的区域对地区经济规模有正向的促进作用。同时，门限模型估计结果显示，两个模型的第一个门槛值均大于相应门槛变量的中位数和平均数，因此也可以认为，政策性诱导集聚在资源错配程度较高时才会产生效力，且相比劳动错配，其在资本错配程度高的区域所表现出的影响效力更大。

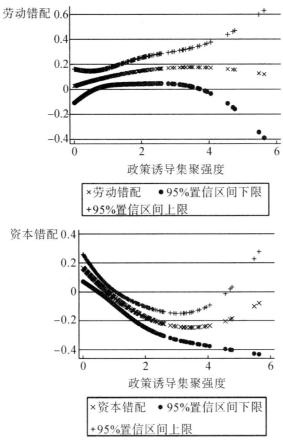

图 6-2　政策性诱导集聚强度与资源错配的二次项拟合

表 6-6　政策性诱导集聚对资源错配的参数估计结果

解释变量	模型（9） Mis_K	模型（10） Mis_L	模型（11） Mis_K
Mis_K_{t-1}			1.056 2 *** （0.020 8）
I	−0.040 4 ** （0.019 4）	−0.006 8 （0.005 1）	−0.014 4 *** （0.002 8）
I^2	0.005 3 * （0.003 0）		0.002 1 *** （0.000 6）
_cons	−0.408 8 *** （0.106 5）	0.432 5 *** （0.121 8）	−0.033 6 （0.036 0）

表6-6(续)

解释变量	模型（9） Mis_K	模型（10） Mis_L	模型（11） Mis_K
控制变量	YES	YES	YES
地区固定	YES	YES	No
时间固定	YES	YES	NO
估计方法	FE	FE	两步 GMM
AR（1）-P 值			0.023 2
AR（2）-P 值			0.741 5
Sargan test （P 值）			16.086 8 (1.000 0)
DWH 检验 F 值 （P 值）	2.408 6* (0.093 2)	0.146 7 (0.702 3)	
R²	0.253 2	0.169 9	

注：表中数据为作者估计结果。

表6-7　资源错配条件下政策诱导集聚对经济增长的双门槛模型参数估计结果

解释变量	模型（12） Lngdp	模型（13） Lngdp	模型（14） Lnpgdp	模型（15） Lnpgdp
I×I（x≤γ_1）	−0.235 2*** (0.043 5)	−0.156 1*** (0.057 4)	−0.001 7 (0.008 4)	0.004 2 (0.008 6)
I×I（γ_1<x≤γ_2）	−0.099 9*** (0.032 4)	−0.004 3 (0.019 3)	0.067 0*** (0.012 4)	0.145 9*** (0.037 3)
I×I（x>γ_2）	0.077 2*** (0.172 7)	0.217 9*** (0.067 1)	−0.009 3 (0.017 5)	0.026 3 (0.036 4)
门槛值 1	Disl=−0.472	Disk=−0.423	Disl=0.017	Disk=0.049
门槛值 2	Disl=0.229	Disk=0.105	Disl=0.801	Disk=0.162
_cons	7.516 7*** (0.172 7)	8.649 8*** (0.182 3)	1.324 7*** (0.063 1)	1.2963*** (0.085 9)
控制变量	YES	YES	YES	YES
地区固定	NO	NO	NO	NO
时间固定	YES	YES	YES	YES
门槛检验 F 值	34.034***	18.835***	32.881***	17.135***

表6-7（续）

解释变量	模型（12） Lngdp	模型（13） Lngdp	模型（14） Lnpgdp	模型（15） Lnpgdp
R^2	0.767 4	0.692 0	0.937 9	0.883 2

注：限于篇幅，表中 x 指代相应的门槛变量，即在模型（12）—（13）中为 Lngdp，模型（14）—（15）中为 Lnpgdp。

第六节　区域产业政策资源错配渠道的微观基础

以上错配指数均是基于省级面板数据测定，本部分选取微观企业全要素生产率差异再度测算资源错配。限于篇幅，具体的微观企业数据处理、TFP 测算过程略，有需要可向作者索取。在测算中，本书共计包含 1 675 208 个企业样本，计算结果的描述性统计如表 6-8 所示。

表 6-8　企业 TFP 与资源错配描述性统计

序号	统计项	1998 年	1999 年	2000 年	2001 年	2002 年	2003 年	2004 年	2005 年	2006 年	2007 年
（1）	Mean_TFP_park	6.119 4	6.110 2	6.159 7	6.186 7	6.256 5	6.316 3	6.283 6	6.269 5	6.410 2	6.496 7
（2）	SD_Mean_TFP_park	1.081 1	1.051 2	1.062 9	1.057 5	1.054 0	1.032 7	1.136 7	1.099 8	1.105 2	1.1248
（3）	Mean_TFP _E	6.034 1	6.025 7	6.056 0	6.109 1	6.186 0	6.255 3	6.140 8	6.161 5	6.312 3	6.423 7
（4）	SD_Mean_TFP_E	1.002 6	0.988 6	0.989 4	0.982 5	0.997 8	1.003 0	1.125 6	1.122 5	1.121 3	1.112 3
（5）	Misallocation1	0.960 9	0.937 4	0.960 7	0.955 2	0.996 7	1.025	1.263 6	1.246 3	1.246 3	1.213 7
（6）	Misallocation 2	0.862 1	0.826 6	0.844 7	0.840 9	0.876 7	0.892 1	1.085 2	1.063 3	1.079 5	1.056 4

注：表中数据为作者统计结果。Mean_TFP_park 为园区企业 TFP 均值。Mean_TFP _E 为非园区企业 TFP 均值。SD 为标准差。Misallocation1 为按照地区和时间计算的所有企业 TFP 的方差。Misallocation2 为在测算分地区分行业企业 TFP 方差的基础上求取各行业资源错配指数的均值。

表 6-8 统计结果显示，园区企业的 TFP 均值整体上高于非园区企业。还需要注意的是：第一，园区企业的 TFP 增长率在考察期内并不高于非园区企业；第二，园区企业 TFP 的标准差在多数年份大于非园区企业。此外，2003年的园区整顿整体上缩小了园区企业之间的 TFP 差距，园区企业的 TFP 标准差在 2005 年和 2006 年小于非园区企业，但 2007 年又超过了非园区企业，园区整顿在短期内取得了一定成效。整体上来看，园区企业生产率平均较高，但是企业生产率相对参差不齐，这也初步论证了前文的第二种猜想。

结合前述微观企业数据的处理结果，本书再度测算了地区层面的资源错配水平，结果表明两项资源错配指数具有较强的相关性。基于此，再次考察政策性诱导集聚对资源错配及经济增长的影响。结果显示，政策性诱导集聚在一定程度上会加重资源错配，进而导致资源错配与政策性诱导集聚的交互项系数为负。进一步地，本书考察了企业入园的资源错配效应以及企业入园对经济增长的影响。结果表明，相比非开发区企业，企业入园可以降低资源错配平均0.20个百分点，资源错配会导致经济发展水平降低逾1.28个百分点，然而，相比非开发区企业，入园企业可以更好地推动经济增长0.02个百分点。因此，开发区企业在降低资源错配和经济增长方面较非开发区企业确有优势，但这种优势是比较微弱的。

第七节 区域产业政策资源错配渠道的案例研讨

本部分选取中部地区进行案例分析。经梳理，中部地区的企业共计263 823家，其中园区企业为20 721家，按照省份统计，山西省1 030家，安徽省4 533家，江西省6 531家，河南省2 930家，湖北省3 874家，湖南省1 823家。

中部地区的发展特征虽然在之前的估计结果中可以有所窥见，但是仍然缺乏针对性和具体性。本书首先将中部地区的数据按照指标1和指标2进行梳理，而后检验政策诱导型集聚影响中部地区经济增长的资源错配渠道。通过梳理，中部地区的企业共计包括263 823家，其中园区企业为20 721家，分别是山西省1 030家，安徽省4 533家，江西省6 531家，河南省2 930家，湖北省3 874家，湖南省1 823家。与前文一致，本书选取宏观和微观两个视角进行论证，所得结果如表6-9所示。结合模型（25）—（28）的估计结果可以看出，政策诱导集聚对中部地区经济增长表现出正向促进效应，但是这种效应较小，且在统计上不显著。模型（28）—（29）为借助微观数据的估计结果，与前文所得结论较为相似，企业入园在一定程度上缓解了地区的资源错配状况。不同的是，中部地区的估计结果还表明，企业TFP方差与中部地区经济增长呈正相关关系，这表明中部地区经济增长更多地配置到TFP较大的企业，然而落后的或者TFP较低的企业始终没有退出市场，因此中部地区资源重置推进较难，资源配置效率可能存在"低效"陷阱，难以实现调节或优化。因此，未来中部地区一方面需要支持高生产率企业发展，提升地区加总生产率，另一方面还需要着力构建良性竞争的市场环境，鼓励优秀民营企业以及中小企业发展，强化淘汰机制等。

表 6-9　中部地区政策导致集聚影响经济增长的估计结果

解释变量	模型（25）Lngdp	模型（26）Lnpgdp	模型（27）Lngdp	模型（28）Lnpgdp	模型（29）Mismatch1	模型（30）Mismatch2	模型（31）Lnpgdp	模型（32）Lnpgdp
Mismatch1							0.046 4*** (0.000 2)	
Mismatch2								0.046 4*** (0.000 4)
I_1	0.001 1 (0.002 0)	0.001 1 (0.002 0)						
I1（T≥2003）			0.000 4 (0.002 9)	0.000 4 (0.003 0)				
是否开发区					-0.010 8*** (0.001 5)	-0.016 1*** (0.001 5)	0.000 4*** (0.000 1)	0.000 6** (0.000 2)
_cons	7.857 4*** (0.050 8)	1.542 0*** (0.050 8)	8.270 4*** (0.057 1)	1.955 0*** (0.057 1)	0.863 9*** (0.001 0)	0.733 5*** (0.002 2)	-0.338 7*** (0.000 4)	-0.332 7*** (0.000 4)
控制变量	YES	YES	YES	YES	YES	YES	YES	YES
地区固定	NO	NO	NO	NO	YES	YES	YES	YES
时间固定	YES	YES	YES	YES	YES	YES	YES	YES
企业固定	—	—	—	—	YES	YES	YES	YES
估计方法	FE	FE	FE	FE	FE	FE	FE	FE
R^2	0.998 2	0.998 2	0.997 8	0.997 8	0.754 9	0.754 1	0.997 5	0.997 1

注：表中结果为作者估计结果。

第八节　本章小结

推动经济活动和生产要素实现空间集聚是我国发力制造强国和助推经济质量变革、效率变革、动力变革的关键方略。本书依据集聚是否为企业自主为之提出"自主集聚"与"诱导集聚"概念，并借助中国工业企业数据库数据和开发区企业数据，构建并测度了政策性诱导集聚强度指标。接着，通过理论推演和实证研究考察了政策性诱导集聚影响经济增长的资源错配路径。结果表明，在宏观层面，政策性诱导集聚对经济增长表现出微弱的负效应，通过分析可知这种负向冲击是由政策性诱导在集聚区选址和集聚企业选择偏向上存在扭曲而导致。同时，政策性诱导集聚效力具有地区异质性，在经济发展水平较高和资本错配程度严重的地区效用较大。此外，经论证，开发区企业在弱化资源错配和促进经济增长方面确有优势，但势能较弱。中部地区的案例分析表明，效率低下的企业迟于退出市场是资源配置效率低下的关键原因，从而治理效能亟待强化，营商环境亟待优化。

本章的启示主要有：第一，经济实践需要着力理顺、调优政府与市场的关系，推动实现有效市场与有为政府的良好互动。经济的健康运行有赖于市场与政府的协作支撑，发挥市场在资源配置中的决定性作用，全力推动政府职能转变，深化简政放权，收窄干预区间，降低制度性交易成本，健全要素市场价格体系。第二，提升土地利用效率，发挥集聚区规模优势和效率优势。加大力度规范园区企业，多举措力推园区企业提质增效。打破行政边界，推动地方村镇合并与园区集聚发展，打造以园区为样板的地区特色产业发展集群，使产业集群在构建现代化经济体系中发挥核心领导作用。第三，推动形成"园区—城市—都市圈—城市群"的"带—群"发展模式，助推区域平衡和充分发展。园区是城市经济发展的重要载体，要深化园区的多功能性，扎实推进园区与城市的深度融合，以产城融合为抓手，推动形成园区经济与城市经济协同的新型城镇化经济发展格局。

第七章 结论与政策建议

发展战略决定着一个经济体的政策禀赋优势，其丰裕程度是政府施政倾向的具体表象，体现了政府在一定时期的发展意志。诚然，发展战略的实施或相关政策的推行会给当地带来较大的"政策红利"，有助于提升当地要素禀赋优势。然而，政府也存在认知偏差，若政策效力发挥不佳，则可能使地区掉入"政策陷阱"。因此，政府发展意志能否体现地区比较优势，抑或地区经济增长是否受到发展战略"禁锢"，仍是地区政策实施需要审慎关注的问题。

第一节 基本结论

一、区域发展战略对地区非均衡增长的影响部分

本书首先采用泰尔指数、σ 趋同指数和 β 趋同指数测得地区非均衡增长状况，结果表明我国地区之间整体区域收敛，地区间差异是导致我国省域差异的主要原因，地区内差异是导致我国市域差异的主要原因。基于理论模型分析，构建了发展战略对地区发展的实证模型，结果表明，赶超战略对地区经济增长表现出正向促进效应，但其在统计上并不显著。东部率先发展战略使东部地区经济水平显著高于其他区域，西部大开发、东北振兴和中部崛起战略的实施在促进经济水平提高的同时，却也使本地区平均经济水平较其他区域（包括东部）的差距有所拉大。

二、区域发展战略对中部地区经济空间格局演化的影响部分

本书以中部崛起规划时间为样本，选取 2000—2016 年这一时间段考察发展战略实行前后中部地区经济增长的空间格局演变趋势。结果表明，中部地区集聚区域并没有发生本质性变化，多是在原有区域基础上收缩或扩张。不同的

是 2016 年经济聚集状况明显加剧，区域间的差距较考察期初有所抬升。然而，这种集聚并不是同一的，一些地方的集聚会以周围区域经济增长率作为牺牲，另一些地方则以邻居区域的经济发展水平及增长率作为代价。同时，在经济地理空间演化格局的因素分析中，也存在要素利用效率低下、要素结构不合理的现象。"三基地、一枢纽"战略地位的打造对中部地区经济发展确有较大作用。

三、"两个比照"政策对中部地区经济增长的影响分析部分

本书以"两个比照"政策为例，具体从时间的视角审视发展战略对地区经济增长的影响。结果表明，第一，在"比照东北振兴"政策效应的评估中，首先，"比照东北振兴"战略的实施使处理组城市的经济规模较对照组有显著的提高，然而却没有对经济转型和提质增效产生明显的作用。其次，受金融危机以及政策落实时间成本等的影响，"比照东北振兴"政策在 2011 年才对经济增长有显著的提拉效力。2012 年相关文件对"两个比照"政策的重申和强调也是到 2014 年才显著提高了政策的作用力度。最后，依据"三基地、一枢纽"的发展目标，本书设计了"比照东北振兴"政策对市域经济的作用机制，检验结果支持了这一目标的基本实现，但是农业区经济规模下滑以及教育投入对经济增长影响不显著等的问题仍值得关注。第二，在"比照西部大开发"政策效应的评估中，"比照西部大开发"政策的实施不仅没有给县域经济水平的提高带来"净效应"，经济规模也没有随政策的施行而较比照组出现明显提升，相反甚至发生负向阻碍作用。继而本书按照"比照西部大开发"政策的战略着力点设计了"比照西部大开发"政策的产业发展、政府调控、融资信贷、居民增收四种影响机制，结果也基本支持了"比照西部大开发"政策在支持农业发展、促进商贸物流、加大转移支付、强化信贷支撑、紧抓建设资金投入等方面的成就。从脱贫减贫和共享发展的角度来看，"比照西部大开发"政策的实施使处理组县（市、区）城镇职工工资较对照组提高了 6.80%，然而却使农民人均纯收入相比对照组下降了 1.98%。此外，政策实行的"粘蝇纸效应"及政府投资对民间资本的"挤出效应"也值得关注。

四、开发园区政策对地区经济增长的分析部分

结果表明：第一，政策诱导集聚对经济增长的效力整体上有限，这种结果可能是政策诱导集聚在地区选择和企业偏向上的扭曲导致的。第二，政策诱导集聚具有鲜明的地区异质性。一是在经济发展水平较高的地区，政策诱导集聚

对经济增长表现出正向的促进作用。二是政策诱导集聚在资源错配程度高的地区效用较大，且相比劳动错配，政策诱导集聚在资本错配程度高的地区对经济增长的影响效力更大。第三，微观层面的论证也支持了上述结论。此外，本部分研究还发现开发区企业在降低资源错配和经济增长方面较非开发区企业确有优势，但这种优势是比较微弱的。中部地区的分析结果表明，中部地区经济增长更多地配置到全要素生产率较大的企业，然而落后的或者全要素生产率较低的企业存活于市场也导致中部地区资源重置较难深入推进，资源配置效率可能陷入"低效"陷阱，难以实现深度调节或优化。

第二节　政策建议

本书在考察发展战略对地区非均衡增长的一般性考察的基础上，具体分析了发展战略对中部崛起的影响效力及作用机制。本书所得结论对中部崛起及中部地区未来发展具有重要的启示意义。本书认为，"两个比照"政策主要的战略着力点基本得到了落实，"三基地、一枢纽"的战略定位也基本得到实现，然而其对中部崛起的作用主要体现在"增量"而非"提质"上，政策在实行中也存在一些政策缺位或执行扭曲的问题，在未来长期的发展中应予以足够关注。

一是以创新为经济发展的首要驱动力，将中部地区在新时代的发展聚焦于提质增效和高质量发展上。

贯彻"发展是第一要务，人才是第一资源，创新是第一动力"的发展理念，依托新一代信息技术加速传统产业转型升级，在"老树发新芽"的同时积极培育战略性新兴产业。打造中部地区产业集群，提升中部地区产业国际竞争力，不断推动中部地区产业攀向价值链高端。同时，加大科学研究与试验发展投入，提高人力资本积累，升级产业结构，优化产业格局。由紧抓人口红利转向人才红利，升级本地产业结构，避免产业发展的"虹吸效应"对周围区域造成的经济衰退。

二是关注民生问题，培育和打造新时代新型城乡关系。

全面落实乡村振兴战略，建立农业核心区的专项补贴和补偿政策。统筹城乡协同发展，完善城市群结构。地方政府在推进城市群战略的同时，要减少城镇化随距离而对邻居区域带动弱化的现象发生，也就是要构建"城市群—腹地"结构，完善城乡接合部基础设施，推进市民化进程，提高城市基础设施共享度。加快推进中部地区城镇化，着力破除农民进城落户的前置性障碍，以城镇化拓宽农民增收渠道，以"三权分置"保障农民基本权益，探索路径赋予农民更多的财产权，让中部地区成为推动农民市民化的示范区和先头区域。完善中部地区生态保护机制，增强居民绿色幸福感。

三是专注区域政策的精准化设计。

加紧研制针对不同发展区域的政策制定规范，依据政策实施绩效及时修正和完善相关政策。强化政策监管，科学评估政策实施效果，审慎出台政策调整方案。健全财政、货币、产业、区域等经济政策协调机制，提升各项政策的实施效率，着力解决发展的不平衡不充分问题。构建中部地区城市群发展战略，完善城乡一体化发展顶层设计和制度保障体系。城镇化是中部地区发展的重要引擎，要推动地区人口城镇化与土地城镇化协同发展，努力推进农民工市民化进程，实现中部地区如期全面建成小康社会。

四是经济实践需要着力理顺、调优政府与市场的关系，推动实现有效市场与有为政府的良好互动。

着力形成"园区—城市—都市圈—城市群"的群带发展模式，推动区域平衡、充分发展。加速提升土地利用效率，深化园区的多功能性，发挥集聚区规模优势和效率优势。此外，中部地区还应积极优化营商环境，为企业发展提供良好的经济、社会环境，加速地区经济实现高质量发展。支持大企业开展技术革新，鼓励中小企业开始效率变革，培育战略性新兴产业，打造大中小微企业协同发展的市场格局，提升地区全要素生产率。

第三节　研究展望

本书注重考察发展战略对地区经济增长的影响，但是仍存在一些不足，有待进一步研究，主要表现在以下方面：

一是数据时效性还有进一步更新的空间。本书在宏观和中观层面的分析中，涉及省际、市际以及县际等不同空间尺度的数据，在微观层面对开发园区政策的分析中则使用了大量的微观企业数据。囿于研究尺度差异以及数据获取能力受限，文中数据并未更新至 2017 年，微观数据也仅使用了 1998—2007 年共计 10 年的企业数据。因此，在今后的研究中有待进一步对数据的时效性进行补充性研究。

二是理论模型有待进一步完善。本书构建的模型均为事前设定，不能反映生产前沿面的更迭，且在研究中主要突显区域发展战略的"要素挤入""资源错配"等效应。因此，本书设定的生产函数以及理论模型仍存在进一步拓展和完善的空间。在微观层面的考察部分，虽然提出了"诱导集聚"概念，但是空间生产优势的转变也可能引起要素价格的变动，因此技术进步偏向也应是一个重点考察的概念。加之新新经济地理、集聚经济学近年的迅猛发展，理论模型仍有待进一步探讨和完善。

三是与实践方面的结合有待进一步深入。本书实际上关注的是区域非平衡发展及高质量发展的问题。本书首先考察了赶超战略和四大板块发展战略对地区经济增长的影响，继而通过构建以经济规模和提质增效为基本面的分析架构来考察区域发展战略对中部地区经济增长的影响。但是，有关非平衡发展和高质量发展的内涵、外延以及如何科学评测，目前学界在相关领域的研究往往各执一词，莫衷一是，难以形成统一的共识。非平衡发展和高质量发展若只谈经济则显得不能达意，若兼容其他领域则又显得包罗万象，仅就宏观而论发展形态则又欠缺质量内涵。因此，非均衡发展和高质量发展的研究仍有待进一步梳理和思考，其与发展战略的关系也将是一个持久性课题。此外，开发园区影响经济增长的内在机理以及相应的改善路径也有待进一步探究。

参考文献

白重恩，张琼，2014.中国的资本回报率及其影响因素分析 [J].世界经济，37
（10）：3-30.

曹玉书，楼东玮，2012.资源错配、结构变迁与中国经济转型 [J].中国工业经
济（10）：5-18.

陈斌开，林毅夫，2013.发展战略、城市化与中国城乡收入差距 [J].中国社会
科学（4）：81-102，206.

陈诗一，陈登科，2018.雾霾污染、政府治理与经济高质量发展 [J].经济研
究，53（2）：20-34.

陈晓玲，连玉君，2012.资本-劳动替代弹性与地区经济增长——德拉格兰德
维尔假说的检验 [J].经济学（季刊），12（4）：93-118.

陈永伟，胡伟民，2011.价格扭曲、要素错配和效率损失：理论和应用 [J].经
济学（季刊），10（3）：1401-1422.

陈钊，2009.在集聚中走向平衡：中国城乡与区域经济协调发展的实证研究
[M].北京：北京大学出版社.

程令国，张晔，2012."新农合"：经济绩效还是健康绩效？[J].经济研究，47
（1）：120-133.

戴天仕，徐现祥，2010.中国的技术进步方向 [J].世界经济，33（11）：54-70.

单豪杰，2008.中国资本存量K的再估算：1952—2006 年 [J].数量经济技术经
济研究，25（10）：17-31.

樊纲，王小鲁，马光荣，2011.中国市场化进程对经济增长的贡献 [J].经济研
究，46（9）：4-16.

范剑勇，冯猛，李方文，2014.产业集聚与企业全要素生产率 [J].世界经济，
37（5）：51-73.

范子英，张军，2010.粘纸效应：对地方政府规模膨胀的一种解释 [J].中国工

业经济（12）：5-15.

冯俊诚，张克中，2016. 区域发展政策下的政府规模膨胀——来自西部大开发的证据 [J]. 世界经济文汇（6）：58-74.

傅晓霞，吴利学，2006. 技术效率、资本深化与地区差异——基于随机前沿模型的中国地区收敛分析 [J]. 经济研究（10）：52-61.

傅晓霞，吴利学，2009. 中国地区差异的动态演进及其决定机制：基于随机前沿模型和反事实收入分布方法的分析 [J]. 世界经济（5）：41-55.

干春晖，郑若谷，余典范，2011. 中国产业结构变迁对经济增长和波动的影响 [J]. 经济研究，46（5）：4-16，31.

顾元媛，沈坤荣，2012. 地方政府行为与企业研发投入——基于中国省际面板数据的实证分析 [J]. 中国工业经济（10）：77-88.

韩峰，王琢卓，阳立高，2014. 生产性服务业集聚、空间技术溢出效应与经济增长 [J]. 产业经济研究（2）：1-10.

韩剑，郑秋玲，2014. 政府干预如何导致地区资源错配——基于行业内和行业间错配的分解 [J]. 中国工业经济（11）：69-81.

韩永辉，黄亮雄，王贤彬，2017. 产业政策推动地方产业结构升级了吗？——基于发展型地方政府的理论解释与实证检验 [J]. 经济研究，52（8）：33-48.

郝枫，2017. 中国技术偏向的趋势变化、行业差异及总分关系 [J]. 数量经济技术经济研究，34（4）：20-38.

郝颖，辛清泉，刘星，2014. 地区差异、企业投资与经济增长质量 [J]. 经济研究，49（3）：101-114，189.

黄先海，徐圣，2009. 中国劳动收入比重下降成因分析——基于劳动节约型技术进步的视角 [J]. 经济研究，44（7）：34-44.

黄先海，杨君，肖明月，2011. 中国资本回报率变动的动因分析——基于资本深化和技术进步的视角 [J]. 经济理论与经济管理（11）：47-54.

季书涵，朱英明，2017. 产业集聚的资源错配效应研究 [J]. 数量经济技术经济研究，34（4）：57-73.

姜磊，2008. 政府规模与服务业发展——基于中国省级单位面板数据的分析 [J]. 产业经济研究（3）：1-6.

靳来群，林金忠，丁诗诗，2015. 行政垄断对所有制差异所致资源错配的影响 [J]. 中国工业经济（4）：31-43.

黎文靖，郑曼妮，2016. 实质性创新还是策略性创新？——宏观产业政策对微观企业创新的影响 [J]. 经济研究，51（4）：60-73.

李光勤，胡志高，曹建华，2018.制度变迁与旅游经济增长——基于双重差分方法的"局改委"政策评估［J］.旅游学刊，33（1）：13-24.

李婧，何宜丽，2017.基于空间相关视角的知识溢出对区域创新绩效的影响研究——以省际数据为样本［J］.研究与发展管理，29（1）：42-54.

李力行，申广军，2015.经济开发区、地区比较优势与产业结构调整［J］.经济学（季刊），14（2）：885-910.

李瑞琴，孙浦阳，2018.地理集聚与企业的自选择效应——基于上、下游关联集聚和专业化集聚的比较研究［J］.财贸经济，39（4）：114-129.

李珊珊，2016.环境规制对就业技能结构的影响——基于工业行业动态面板数据的分析［J］.中国人口科学（5）：90-100，128.

李卫兵，李翠，2018."两型社会"综改区能促进绿色发展吗？［J］.财经研究，44（10）：24-37.

李新春，苏琦，董文卓，2006.公司治理与企业家精神［J］.经济研究（2）：57-68.

李银秀，2015.政府规模与经济增长的 Armey 曲线效应——陕西经验分析［J］.统计与信息论坛，30（8）：25-30.

梁琦，陈强远，王如玉，2016.异质性企业区位选择研究评述［J］.经济学动态（4）：126-139.

梁琦，李建成，陈建隆，2018.异质性劳动力区位选择研究进展［J］.经济学动态（4）：122-137.

林毅夫，蔡昉，李周，1999.比较优势与发展战略——对"东亚奇迹"的再解释［J］.中国社会科学（5）：4-20，204.

林毅夫，陈斌开，2013.发展战略、产业结构与收入分配［J］.经济学（季刊），12（3）：1109-1140.

林毅夫，孙希芳，2008.银行业结构与经济增长［J］.经济研究，43（9）：31-45.

林毅夫，刘明兴，2004.经济发展战略与中国的工业化［J］.经济研究（7）：48-58.

林毅夫，2003.后发优势与后发劣势——与杨小凯教授商榷［J］.经济学（季刊）（4）：989-1004.

林毅夫，2017.新结构经济学的理论基础和发展方向［J］.经济评论（3）：4-16.

刘贯春，张晓云，邓光耀，2017.要素重置、经济增长与区域非平衡发展［J］.

数量经济技术经济研究, 34 (7): 35-56.

刘华军, 李超, 彭莹, 2018. 中国绿色全要素生产率的地区差距及区域协同提升研究 [J]. 中国人口科学 (4): 30-41, 126.

刘林平, 雍昕, 舒玢玢, 2011. 劳动权益的地区差异——基于对珠三角和长三角地区外来工的问卷调查 [J]. 中国社会科学 (2): 107-123, 222.

刘霖, 2005. 政府规模与经济增长——基于秩的因果关系研究 [J]. 社会科学研究 (1): 40-44.

刘瑞明, 赵仁杰, 2015. 西部大开发: 增长驱动还是政策陷阱——基于 PSM-DID 方法的研究 [J]. 中国工业经济 (6): 32-43.

刘晓光, 卢锋, 2014. 中国资本回报率上升之谜 [J]. 经济学 (季刊), 13 (2): 817-836.

卢飞, 刘明辉, 2017. 贷款规模、房地产投资与城市经济增长——基于 283 个地级以上城市的经验分析 [J]. 统计与信息论坛, 32 (10): 66-75.

卢飞, 刘明辉, 2017. 中国中部地区经济空间格局演变及驱动机制——基于 ESDA 和空间计量方法的实证分析 [J]. 现代财经 (天津财经大学学报), 37 (8): 33-45.

鲁晓东, 连玉君, 2012. 中国工业企业全要素生产率估计: 1999—2007 [J]. 经济学 (季刊), 11 (1): 541-558.

陆铭, 常晨, 王丹利, 等, 2018. 制度与城市: 土地产权保护传统有利于新城建设效率的证据 [J]. 经济研究, 53 (6): 171-185.

陆铭, 张航, 梁文泉, 2015. 偏向中西部的土地供应如何推升了东部的工资 [J]. 中国社会科学 (5): 59-83, 204-205.

陆铭, 2017. 城市、区域和国家发展——空间政治经济学的现在与未来 [J]. 经济学 (季刊), 16 (4): 1499-1532.

陆雪琴, 文雁兵, 2013. 偏向型技术进步、技能结构与溢价逆转——基于中国省级面板数据的经验研究 [J]. 中国工业经济 (10): 18-30.

马壮, 李延喜, 曾伟强, 等, 2016. 产业政策提升资本配置效率还是破坏市场公平? [J]. 科研管理, 37 (10): 79-92.

聂辉华, 江艇, 杨汝岱, 2012. 中国工业企业数据库的使用现状和潜在问题 [J]. 世界经济, 35 (5): 142-158.

史贝贝, 冯晨, 张妍, 等, 2017. 环境规制红利的边际递增效应 [J]. 中国工业经济 (12): 40-58.

舒元, 张莉, 徐现祥, 2010. 中国工业资本收益率和配置效率测算及分解 [J].

经济评论（1）：27-35.

宋冬林，王林辉，董直庆，2010. 技能偏向型技术进步存在吗？——来自中国的
经验证据 [J]. 经济研究，45（5）：68-81.

宋凌云，王贤彬，2017. 产业政策如何推动产业增长——财政手段效应及信息
和竞争的调节作用 [J]. 财贸研究，28（3）：11-27.

宋凌云，王贤彬，2013. 重点产业政策、资源重置与产业生产率 [J]. 管理世界
（12）：63-77.

宋马林，金培振，2016. 地方保护、资源错配与环境福利绩效 [J]. 经济研究，
51（12）：47-61.

孙广生，黄祎，田海峰，等，2012. 全要素生产率、投入替代与地区间的能源效
率 [J]. 经济研究，47（9）：99-112.

孙早，许薛璐，2017. 前沿技术差距与科学研究的创新效应——基础研究与应
用研究谁扮演了更重要的角色 [J]. 中国工业经济（3）：5-23.

田国强，2016-11-08. 再论有限政府和有为政府 [N]. 第一财经日报（A11）.

万广华，2013. 城镇化与不均等：分析方法和中国案例 [J]. 经济研究，48
（5）：73-86.

王建康，谷国锋，姚丽，等，2016. 中国新型城镇化的空间格局演变及影响因素
分析——基于285个地级市的面板数据 [J]. 地理科学，36（1）：63-71.

王俊松，2016. 集聚经济、相关性多样化与城市经济增长——基于279个地级
及以上城市面板数据的实证分析 [J]. 财经研究，42（05）：135-144.

王洛林，魏后凯，2003. 我国西部大开发的进展及效果评价 [J]. 财贸经济
（10）：5-12，95.

王洛林，魏后凯，2006. 振兴东北地区经济的未来政策选择 [J]. 财贸经济
（2）：3-10，96.

王恕立，滕泽伟，刘军，2015. 中国服务业生产率变动的差异分析——基于区域
及行业视角 [J]. 经济研究，50（8）：73-84.

王文，孙早，牛泽东，2014. 产业政策、市场竞争与资源错配 [J]. 经济学家
（9）：22-32.

王勇，华秀萍，2017. 详论新结构经济学中"有为政府"的内涵——兼对田国
强教授批评的回复 [J]. 经济评论（3）：17-30.

温忠麟，叶宝娟，2014. 有调节的中介模型检验方法：竞争还是替补？ [J].
心理学报，46（5）：714-726.

文雁兵，2014. 政府规模的扩张偏向与福利效应——理论新假说与实证再检验

[J]. 中国工业经济 (5)：31-43.

吴意云，朱希伟，2015. 中国为何过早进入再分散：产业政策与经济地理 [J]. 世界经济，38 (2)：140-166.

向宽虎，陆铭，2015. 发展速度与质量的冲突——为什么开发区政策的区域分散倾向是不可持续的？[J]. 财经研究，41 (4)：4-17.

邢春冰，贾淑艳，李实，2013. 教育回报率的地区差异及其对劳动力流动的影响 [J]. 经济研究，48 (11)：114-126.

杨汝岱，2015. 中国制造业企业全要素生产率研究 [J]. 经济研究，50 (2)：61-74.

杨伟民，2016. 适应引领经济发展新常态 着力加强供给侧结构性改革 [J]. 宏观经济管理 (1)：4-6.

余静文，谭静，蔡晓慧，2017. 高房价对行业全要素生产率的影响——来自中国工业企业数据库的微观证据 [J]. 经济评论 (6)：22-37，121.

余明桂，范蕊，钟慧洁，2016. 中国产业政策与企业技术创新 [J]. 中国工业经济 (12)：5-22.

张富田，2013. 金融剩余动员与区域经济增长的关系研究 [J]. 经济经纬 (6)：13-17.

张莉，朱光顺，李夏洋，等，2017. 重点产业政策与地方政府的资源配置 [J]. 中国工业经济 (8)：63-80.

张勋，徐建国，2014. 中国资本回报率的再测算 [J]. 世界经济，37 (8)：3-23.

赵海月，赫曦滢，2012. 列斐伏尔"空间三元辩证法"的辨识与建构 [J]. 吉林大学社会科学学报，52 (2)：22-27.

赵秋运，王勇，2018. 新结构经济学的理论溯源与进展——庆祝林毅夫教授回国从教30周年 [J]. 财经研究，44 (9)：4-40

赵永亮，杨子晖，苏启林，2014. 出口集聚企业"双重成长环境"下的学习能力与生产率之谜——新-新贸易理论与新-新经济地理的共同视角 [J]. 管理世界 (1)：40-57.

中国宏观经济分析与预测课题组，杨瑞龙，2017. 新时期新国企的新改革思路——国有企业分类改革的逻辑、路径与实施 [J]. 经济理论与经济管理 (5)：5-24.

周立斌，杨林，2014. 空间政治经济学对我国城市发展的启示 [J]. 学术交流 (4)：107-111.

周小亮，吴武林，2018. 中国包容性绿色增长的测度及分析 [J]. 数量经济技术经济研究, 35 (8): 3-20.

周亚虹, 蒲余路, 陈诗一, 等, 2015. 政府扶持与新型产业发展——以新能源为例 [J]. 经济研究, 50 (6): 147-161.

庄子银, 2007. 创新、企业家活动配置与长期经济增长 [J]. 经济研究 (8): 82-94.

ACEMOGLU D, 2002. Directed technical change [J]. The review of economic studies, 69 (4): 781-809.

ACEMOGLU D, 2009. Introduction to modern economic growth [M]. Princeton: Princeton University Press.

ADAMOPOULOS T, RESTUCCIA D, 2014. The size distribution of farms and international productivity differences [J]. American economic review, 104 (6): 1667-1697.

AGHION P, HOWIT P, 1992. A Model of growth through creative destruction [J]. Econometrica, 60 (2): 323-351.

AKITA T, MIYATA S, 2010. The bi-dimensional development of regional inequality based on the weighted coefficient of variation [J]. Letters in spatial and resource science, 3 (3): 91-100.

AMITI M, KHANDELWAL A, 2013. Import competition and quality upgrading [J]. The review of economics and statistics, 95 (2): 476-490.

ATTARAN M, 1986. Industrial diversity and economic performance in United States areas [J]. Annals of regional science, 20 (2): 44-54.

AUDRETSCH D B, FELDMAN M P, 1996. R&D spillovers and the geography of innovation and production [J]. American economic review, 86 (3): 630-640.

BAI C E, HSIEH C, QIAN Y, 2006. The return to capital in China [J]. Brookings papers on economic activity (2): 61-101.

BALDWIN R E, OKUBO T, 2006. Heterogeneous firms, agglomeration and economic geography: spatial selection and sorting [J]. Journal of economic geography, 6 (3): 323-346.

BANERJEE A, DUFLO E, 2014. Do firms want to borrow more? testing credit constraints using a directed lending program [J]. Review of economic studies, 81 (2): 572-607.

BARRO R, SALA-I-MARTIN X, 1997. Technological diffusion, convergence, and growth [J]. Journal of economic growth, 2 (1): 1-27.

BARRO R J, SALA-I-MARTIN X, 1991. Convergence across states and regions [J]. Brookings papers on economic activity, 22 (1): 107-182.

BARRO R J, 1991. Economic growth in a cross-section of countries [J]. The quarterly journal of economics, 106 (2): 407-443.

BARRO R J, 1990. Government spending in a simple model of endogenous growth [J]. Journal of political economy, 98 (5): 103-125.

BARRO R, SALA-I-MARTIN X, 1991. Convergence across states and regions [J]. Brookings papers on economic activity (1): 107-182.

BARRO R, SALA-I-MARTIN X, 1997. Technological diffusion, convergence, and growth [J]. Journal of economic growth, 2 (1): 1-27.

BERGER M C, 1984. Increases in energy prices, costs of production, and plant size [J]. Journal of economics and business, 36 (3): 345-357.

BERNINI C, PELLEGRINI G, 2011. How are growth and productivity in private firms affected by public subsidy? Evidence from a regional policy [J]. Regional science and urban economics, 41 (3): 253-265.

BHAGWATI J N, SRINIVASAN T N, 1969. Optimal intervention to achieve non-economic objectives [J]. The review of economic studies, 36 (1): 27-38.

BRANDT L, BIESEBROECK J V, ZHANG Y F, 2012. Creative accounting or creative destruction? Firm-level productivity growth in Chinese manufacturing [J]. Journal of development economics, 97 (2): 339-531.

BRANDT L, TOMBE T, ZHU X, 2013. Factor market distortions across time, space and sectors in China [J]. Review of economics dynamics, 16 (1): 39-58.

BROERSMA L, DIJK V J, 2008. The effect of congestion and agglomeration on multifactor productivity growth in Dutch regions [J]. Journal of economic geography, 8 (2): 181-209.

CHEN J, FLEISHER B, 1996. Regional income inequality and economic growth in China [J]. Journal of comparative economics, 22 (2): 141-164.

CICCONE A, HALL R E, 1996. Productivity and the density of economic activity [J]. American economic review, 86 (1): 54-70.

CICCONE A, 2002. Agglomeration effects in Europe [J]. European economic review, 46 (2): 213-227.

DIXIT A K, STIGLITZ J E, 1977. Monopolistic competition and optimum product diversity [J]. American economic review, 67 (3): 297-308.

DUFFY J, PAPAGEORGIOU C, PEREZ-SEBASTIAN F, 2004. Capital-skill complementarity? Evidence from a panel of countries [J]. The review of economics and statistics, 86 (1): 327-344.

EATON J, GROSSMAN G M, 1986. Optimal trade and industrial policy under oligopoly [J]. The quarterly journal of economics, 101 (2): 383-406.

ELHORST J P, 2012. MATLAB software for spatial panels [J]. International regional science review, 37 (3): 389-405.

ELHORST J P, 2003. Specification and estimation of spatial panel data models [J]. International regional science review, 26 (3): 244-268.

ELLISON G, GLAESER E L, KERR W R, 2010. What causes industry agglomeration? Evidence from coagglomeration patterns [J]. American economic review, 100 (3): 1195-1213.

FELDMAN M P, AUSRETSCH D B, 1999. Innovation in cities: science-based diversity, specialization and localized competition [J]. European economic review, 43 (2): 409-429.

FOSTER L, HALTIWANGER J, SYVERSON C, 2008. Reallocation, firm turnover, and efficiency: Selection on productivity or profitability? [J]. American economic review, 98 (1): 394-425.

FRENKEN K, VAN OORT F, VERBUREG T, 2007. Related variety, unrelated variety and regional economic growth [J]. Regional studies, 41 (5): 685-697.

FUJITA M, KRUGMAN P, VENABLES A J, 1999. The spatial economy: cities, regions, and international trade [M]. Cambridge: The MIT Press.

FUJITA M, 1982. Spatial patterns of residential development [J]. Journal of urban economics, 12 (1): 22-52.

GOPINATH G, KALEMLI-OZCAN S, KARABARBOUNIS L, et al., 2017. Capital allocation and productivity in south Europe [J]. The quarterly journal of economics, 132 (4): 1915-1967.

GRILICHES Z, 1977. Estimating the returns to schooling: some econometric problems [J]. Econometrica, 45 (1): 1-22.

GROSSMAN G M, HELPMAN E, 1991. Trade, knowledge spillovers, and growth [J]. European economic review, 35 (2-3): 517-526.

GROSSMAN J, 1988. Government and economic growth: A non-linear relationship [J]. Public choice, 56 (2): 193-200.

HECKMAN J J, ICHIMURA H, TODD P, 1998. Matching as an econometric evaluation estimator [J]. The review of economic studies (65): 261-294.

HECKMAN J J, SMITH J, CLEMENTS N, 1997. Making the most out of programme evaluations and social experiments: accounting for heterogeneity in programme impacts [J]. The review of economic studies, 64 (4): 487-535.

HENDERSON J V, SQUIRES T, STOREYGARD A, et al., 2018. The global distribution of economic activity: nature, history, and the role of trade [J]. The quarterly journal of economics, 133 (1): 357-406.

HICKS J R, 1932. The Theory of wages [M]. London: Macmillan.

HSIEH C T, KLENOW P J, 2009. Misallocation and manufacturing TFP in China and India [J]. The quarterly journal of economics, 124 (4): 1403-1448.

HUDSON E A, JORGENSON D W, 1974. Energy policy and U.S. economic growth, 1975-2000 [J]. Bell journal of economics and management science, 5 (2): 461.

JACOBS J, 1970. The economy of cities [M]. New York: Vintage.

JOHNSON H G, 1966. Factor market distortions and the shape of the transformation curve [J]. Econometrica, 34 (3): 686-698.

KLENOW P, HSIEH C T, 2009. Misallocation and manufacturing TFP in China and India [J]. The quarterly journal of economics, 124 (4): 1403-1448.

KLUMP R, MCADAM P, WILLMAN A, 2007. Factor substitution and factor augmenting technical progress in the US: a normalized supply-side system approach [J]. The review of economics and statistics, 89 (1): 183-192.

KRUGMAN P, VENABLES A J, 1996. Integration, specialization, and adjustment [J]. European economic review, 40 (3-5): 959-967.

KRUGMAN P, 1991. Increasing returns and economic-geography [J]. Journal of political economy, 99 (3): 483-499.

KUGLER M, VERHOOGEN E A, 2012. Prices, plant Size, and product quality [J]. The review of economic studies, 79 (1): 307-339.

KYDD J, CHRISTIANSEN R, 1982. Structural change in Malawi since independence-consequences of a development strategy based on large scale agriculture [J]. World development, 10 (5): 355-375.

LEE L F, YU J, 2010. Estimation of spatial autoregressive panel data models with fixed effects [J]. Journal of econometrics, 154 (2): 165-185.

LESAGE J P, PACE R K, 2010. Introduction to spatial econometrics [M]. Boca

Raton: CCR Press.

LEVINSOHN J, PETRIN A, 2003. Estimating production functions using inputs to control for unobservables [J]. The review of economic studies, 70 (2): 317-341.

LIU L, 2009. Skill premium and wage differences: the case of China [J]. 2009 Second international symposium on knowledge acquisition & modeling (2): 115-118.

MAGEE S P, 1971. Factor market distortions, production, distribution, and the pure theory of international trade [J]. The quarterly journal of economics, 85 (4): 623 -643.

MARSHALL A, 1920. Principles of economics [M]. London: Macmillan.

MARTIN P, OTTAVIANO G I P, 2001. Growth and agglomeration [J]. International economic review, 42 (4): 947-968.

MATHUR V K, 1999. Human capital-based strategy for regional economic development [J]. Economic development quarterly, 13 (3): 203-216.

MELITZ M J, 2003. The impact of trade on intra-industry reallocations and aggregate industry productivity [J]. Econometrica, 71 (6): 1695-1725.

MELITZ M, OTTAVIANO G, 2008. Market size, trade, and productivity [J]. Review of economic studies, 75 (1): 295-316.

MUSGRAVER A, 1969. Fiscal systems [M]. New Haven: Yale University Press.

NIN A, ARNDT C, PRECKEL P V, 2003. Is agricultural productivity in developing countries really shrinking? new evidence using a modified nonparametric approach [J]. Journal of development economics, 71 (2): 395-415.

ODLAND J, BARFF R, 1982. A statistical-model for the development of spatial patterns: applications to the spread of housing deterioration [J]. Geographical analysis, 14 (4): 326-339.

OKUBO T, TOMIURA E, 2012. Industrial relocation policy, productivity and heterogeneous plants: Evidence from Japan [J]. Regional science and urban economics, 42 (1): 230-239.

OLLEY G S, PAKES A, 1996. The dynamics of productivity in the telecommunications equipment industry [J]. Econometrica, 64 (6): 1263-1297.

OMMEN J, COPPENS M, BLEEK C, et al., 2000. Early warning of agglomeration in fluidized beds by attractor comparison [J]. AIChE journal, 46 (11): 2183 - 2197.

OTTAVIANO G I P, 2011. 'New' new economic geography: Firm heterogeneity and agglomeration economies [J]. Journal of economic geography, 11 (2): 231-240.

POLESE M, SHEARMUR R, 2006. Growth and location of economic activity: the spatial dynamics of industries in Canada 1971-2001 [J]. Growth and change, 37 (3): 362-395.

RAM R, 1989. Government size and economic growth: A new framework and some evidence from cross-section and time series data: reply [J]. American economic review, 79 (1): 281-284.

RESTUCCIA D, ROGERSON R, 2013. Misallocation and productivity [J]. Review of economic dynamics, 16 (1): 1-10.

RESTUCCIA D, ROGERSON R, 2008. Policy distortions and aggregate productivity with heterogeneous plants [J]. Review of economic dynamics, 11 (4): 707-720.

ROSENBAUM P R, RUBIN D B, 1983. The central role of the propensity score in observational studies for causal effects [J]. Biometrika, 70 (1): 41-55.

ROSENTHAL S S, STRANGE W C, 2001. The determinants of agglomeration [J]. Journal of urban economics, 50 (2): 191-229.

SPENCE A, 1976. Product selection, fixed costs, and monopolistic competition [J]. Review of economic studies, 43 (2): 217-235.

SYVERSON C, 2004. Product substitutability and productivity dispersion [J]. The review of economics and statistics, 86 (2): 534-550.

TORRE A, 2008. On the role played by temporary geographical proximity in knowledge transmission [J]. Regional studies, 42 (6): 869-889.

XU B, LIN B Q, 2016. A quantile regression analysis of China's provincial CO_2 emissions: where does the difference lie? [J]. Energy policy, 98 (SI): 328-342.